Google AdSense

成功の法則 57
収益化を加速させる「広告対策」と「実践ノウハウ」

染谷 昌利

本書に掲載されている説明を運用して得られた結果について、筆者および株式会社ソーテック社は一切責任を負いません。個人の責任の範囲内にて実行してください。
本書の内容によって生じた損害および本書の内容に基づく運用の結果生じた損害について、筆者および株式会社ソーテック社は一切責任を負いませんので、あらかじめご了承ください。
本書の制作にあたり、正確な記述に努めておりますが、内容に誤りや不正確な記述がある場合も、筆者および株式会社ソーテック社は一切責任を負いません。
本書の内容は執筆時点においての情報であり、予告なく内容が変更されることがあります。また、環境によっては本書どおりに動作および実施できない場合がありますので、ご了承ください。
本文中に登場する会社名、商品名、製品名などは一般的に関係各社の商標または登録商標であることを明記して本文中での表記を省略させていただきます。本文中には ®、™ マークは明記しておりません。

はじめに

　Google AdSenseの一番のメリットは、自分の得意分野、興味のあることを発信していくだけで収益を生み出す可能性が生まれるという点です。

　結論からいうと、**Google AdSenseの収益を向上させるためには、「効果的な広告配置」と「訪問数の増加」が不可欠です。**詳細は本書内で解説しますが、Google AdSenseという広告システムは記事の内容や読者の趣味嗜好にマッチされた広告が自動的に配信されるので、**「自分の発信したいことを書く」という行動と、広告を最適な位置に配置するという知識の習得に集中するだけで収益を生み出すことができます。**
　本書ではこの2つの要素をいかに向上させて収益を伸ばしていけるかについて、具体的事例も交え解説しています。知識を得て、行動に繋げ、効果を検証し、そして継続する。このサイクルを回し続けることが非常に重要になります。

　誰もが最初から簡単に大きな金額を稼げるわけではありません。月額1万円の収益を生むためには1日平均333円の収益を上げなければいけません。あなたが取り扱うブログのテーマによって多少の違いはありますが、1日300円の収益を見込むためには目安として1日1,000ページビュー程度は必要になります。
　本書ではどうやってそれだけの訪問者を集めるのか、どうやって効果的に広告を配置することで収益に変えられるのか、という点にフォーカスしてみなさんのお役に立てるような内容を紹介します。

　ゼロだった収益を1万円にすることはとても大きな労力がかかりますが、1万円を2万円に、1万円を10万円に増大させることはそれほど難しくありません。何事も最初が大変なのです。ただ、**1万円でも2万円でも月々の収入が増えることで得られるメリットはたくさんあります。一番、大きなメリットは「人生の選択肢が増える」**という点です。人生の選択肢というと大げさに聞こえるかもしれませんが、例えばランチをちょっと贅沢にしてみるというのも立派な選択です。旅行先のホテルをランクアップすることだって可能になります。もう少し仕事に直結した例を挙げると、就職・転職の際に「やりたい仕事なのだけど月給が2万

円下がるのが生活していくうえでつらい」という制約で、職業選択の幅を狭めてしまう要素を減らすことができます。

　本書では次の流れに沿って説明していきます。

章	得られる知識	具体的な内容
Chapter-1	開始方法と基礎知識	Google AdSense の利用申請のやり方、利用できる広告の種類など、Google AdSense 全般について解説します。
Chapter-2	集客できるブログ作成法	AdSense で収益を上げるためには、まず読者を増やさなければいけません。あなたのブログの訪問者を増やすための施策や考え方を解説します。
Chapter-3	効果的な配置方法	効果的な広告配置場所を理解し、自身のブログ運営ポリシーと適合させたうえで運営するブログに最適な広告位置を見つけ出していきます。
Chapter-4	レポート分析	3カ月、半年と更新を続けていくと次第に収益が発生しはじめます。ある程度データがたまってきたら、状況の分析・検証を行います。
Chapter-5	禁止事項	Google AdSense の利用規約やプログラムポリシーの解説と、AdSense でやってはいけないことを確認していきます。
Chapter-6	目標達成のために	ここまでの知識をもとに応用力を身につけます。しっかりとした土台をつくった状態でテクニックを活用することで、効果を最大化することができます。

　自分の得意なことを発信することで読者に喜ばれ、さらに収益にも繋がるのはとても素敵なことだと思いませんか？　この書籍では、そもそも Google AdSense とは何かという説明から、読者を集めるためのテーマの決め方や記事の書き方、効果的な広告の配置方法等を解説していきます。
　本書を書くことで、みなさんの成功の手助けになれば幸いです。

　　　　　　　　　　　　　　　　　　　　　　　　　　　　染　谷　昌　利

CONTENTS

はじめに 3

Chapter-1
Google AdSense のはじめかた　　　　　　　　　17

絶対法則 01 Google AdSense のしくみ 18

Google AdSense とは何か？
Google AdSense の収益化までの流れ
めまぐるしく進化し続けるサービス

絶対法則 02 Google アカウント登録からブログの作成まで 20

アカウント名は使いやすいものにする
記事を書いてみよう
最初の目標は 600 文字の記事を 10 日間毎日投稿
読みづらい文章の例

絶対法則 03 Google AdSense プログラムの利用申請 23

１次審査
２次審査
ライブドアブログの設定をしよう

絶対法則 04 AdSense 広告の種類 29

広告❶ コンテンツ向け AdSense
　❶ 広告ユニット
　⚠ お勧めの広告サイズ
　❷ 広告ユニットのサンプル
　❸ リンクユニット
広告❷ 検索向け AdSense
広告❸ モバイル広告
　❶ ハイエンド（スマートフォン）端末向け AdSense

2 モバイルコンテンツ向け AdSense
　　広告 ❹ YouTube 向け AdSense 広告

絶対法則 05　報酬支払いまでの流れ 35

銀行口座の登録
　⚠ 銀行口座振込（電子決済）で支払いを受け取る
　⚠ 住所（PIN）確認の概要
　コラム 管理画面から金額の変更ができる 36

Chapter-2
集客できるブログの作成法　　　　　　37

絶対法則 06　自分の得意分野の洗い出しをしよう 38

得意分野を見つける3つのステップ
　STEP ❶ 自分の好きなこと（やりたいこと）嫌いなこと（やりたくないこと）を書き出す
　STEP ❷ 自分の過去の経験を振り返りできることを書き出す
　STEP ❸ 興味の強い事項、学びたいことを書き出す

絶対法則 07　ブログの完成予想図をつくってみる 43

　運営スタイル ❶ 専門情報型
　運営スタイル ❷ 雑記ブログ型

絶対法則 08　読者のニーズにあったテーマを選択する 45

　テーマの決め方 ❶ 好きなこと
　テーマの決め方 ❷ 知識がある・経験したこと
　テーマの決め方 ❸ ネタ切れの心配がないもの
実際にテーマを決めてみよう
　⚠ まずはメインテーマを決める
　⚠ 関連性が強そうなサブテーマも考えてみる
Google AdSense との親和性が高いジャンル
　⚠ ジャンル ❶：マニュアル・ノウハウ系　**お勧め度 ◎**
　⚠ ジャンル ❷：旅行ガイド・現地情報　**お勧め度 ○**
　⚠ ジャンル ❸：美容・健康系　**お勧め度 ○**

⚠ ジャンル ❹：イベント・商品レビュー　お勧め度 ○
⚠ ジャンル ❺：レシピ・グルメ　お勧め度 △
⚠ ジャンル ❻：ゲーム攻略系　お勧め度 △

絶対法則 09　使いやすい無料ブログサービスを選択する..........................49

無料ブログ ❶ ブログのレイアウト（デザイン）が自由に変更可能
無料ブログ ❷ 広告をある程度自由に掲載できる
無料ブログ ❸ システムやサーバーが安定している
無料ブログ ❹ ブログが成長したあとのプランが充実している

絶対法則 10　ブログのタイトルと URL はわかりやすく魅力的に..............51

タイトルはお店の看板と同じ
どんな URL にすればいいのか？

絶対法則 11　ブログの設定やレイアウトを見直そう..................................54

設定 ❶ 適切なタイトルと説明文を記載する
設定 ❷ 適正なカテゴリ分け
設定 ❸ 新規投稿や人気の記事（お勧め記事）などを見やすいエリアに配置する
設定 ❹ ブログテンプレートの選択と象徴的なヘッダー画像の掲載
設定 ❺ 文字（フォント）の大きさをチェックする
⚠ 元のコードは保存しておく

絶対法則 12　あなたのプロフィールを公開し共感を生もう 61

具体的なプロフィールが身近に感じさせる
⚠ 出しても問題がない情報はできるだけ公開する
⚠ 記事の信ぴょう性が格段に増す
プロフィールには人間味や専門性を感じさせる要素を
プロフィールの一例

絶対法則 13　最初の１カ月は毎日記事を書くことだけに注力しよう 64

毎日ブログを更新するのは大変
得意分野リストを有効活用する
更新のコツはスキマ時間の活用
「書き続けることだけ」に意識を向けよう
スマートフォンからブログを更新する

歯を食いしばってでも100記事までがんばる
- ⚠ 3カ月書き続けたという実績をつくる
- ⚠ 自己成長を実感する

絶対法則 14　ネタが切れてきたと感じたら……68

ネタを掘り起こすヒント
- **ヒント❶** 本を読む
- **ヒント❷** 体験する
- **ヒント❸** 過去の記事を違う切り口で書いてみる
- **コラム** 情報収集のための適切なリサーチ方法……70

絶対法則 15　読み手に優しい記事の書き方……72

適度に段落分けをすること
できるだけわかりやすい単語を使い、1記事は500〜1,000字でまとめる

絶対法則 16　検索エンジンに好まれる記事の書き方を意識する……73

- **法則❶** 記事のタイトルにキーワードを記載する
- **法則❷** 本文内にも適度にキーワードを散りばめる
- **法則❸** 自分のブログ内で関連記事にリンクを張る
過度のキーワードの詰め込みは逆効果

絶対法則 17　あなたの個性がにじみ出るユニークな内容を心がける……76

あなたの視点が大事
- **事例❶** 事実の羅列
- **事例❷** 書き手のキャラクターが感じられる

絶対法則 18　あなたのことは誰も知らないから記事内容で信用を積み上げる……78

記事を丁寧に更新してあなた自身のファンをつくる
まず自分の得意分野の情報を洗い出し、読者に提供する

絶対法則 19　写真や動画を活用しよう……79

読者の理解度を簡単に上げられる
- **法則❶** 写真はとにかく枚数を撮る

法則❷ 動画は動きや音量を伝える
法則❸ 比較対象物を載せる

絶対法則 20 SNSを活用しよう 83

SNSからのアクセスは見逃せない
忘れずに設置したい「ソーシャルボタン」
代表的なSNSを把握しておく
コラム SNS活用の具体例 89

絶対法則 21 アクセス解析を導入する 90

訪問者のデータを分析し、集客に繋げる
Googleアナリティクスとの連携

絶対法則 22 Googleアナリティクスの導入方法 92

Googleアナリティクスをはじめよう
STEP❶ Googleアカウントを取得する
STEP❷ Googleアナリティクスの使用を開始する
STEP❸ アナリティクスコードを取得する
STEP❹ ライブドアブログのGoogleアナリティクスの設定項目に
トラッキングコードを張りつける
STEP❺ データを取得しているか確認する

絶対法則 23 アクセスがたくさん集まるブログを
つくるための9の心得 96

心得❶ 好き、あるいは得意なジャンルについて書く
心得❷ 誰に何をどうやって伝えるか
心得❸ あなたのことは誰も知らない
心得❹ 1つのジャンルの専門家になる
心得❺ 子どもにも理解できる言葉で
心得❻ 石の上にも三年
心得❼ 違いこそが価値になる
心得❽ 全力を尽くしても完璧は求めない
心得❾ 楽しさを忘れない
反復と継続の意識を忘れない

Chapter-3
効果的な Google AdSense の配置方法　　　101

絶対法則 24 人間の目の動きを意識した広告配置を心がける................102

人の目の動かし方には決まったパターンがある！
1 Z の法則
2 F の法則
人間の特性を利用してクリック率を上げる

絶対法則 25 収益アップには大きいサイズの広告を
目立つ位置に最大数張る..105

ポイント❶ 目につく位置に配置する
ポイント❷ 大きいサイズを張る
ポイント❸ 最大数を張る
コラム 読みやすさと収益向上のバランスを考える.........................107

絶対法則 26 広告とコンテンツを馴染ませる..108

インターネットの歴史上、リンクは青色が鉄則
1 広告リンクの色は青色が鉄則
2 色が多すぎてわからない場合はデフォルト（初期状態）を選択
コラム カラーコードの調べ方..109

絶対法則 27 効果的な AdSense 配置事例－PC 向けⅠ－..................111

Xpeira 非公式マニュアル（http://someya.tv/xperia/）
ビックバナーの視認性は抜群

絶対法則 28 効果的な AdSense 配置事例－PC 向けⅡ－..................113

ノマド的節約術（Hiroki Matsumoto さん運営：http://nomad-saving.com/）
レクタングルの扱いが特徴的
⚠ 法人サイトのレイアウトを研究してみる

絶対法則 29 効果的な AdSense 配置事例－PC 向け Ⅲ －..................115

わかったブログ（かん吉さん運営：http://www.wakatta-blog.com/）
横幅の小さいレイアウトでも活用できる

| 絶対法則 30 | 効果的な AdSense 配置事例
－ハイエンド端末（スマートフォン）向け－ .... 117 |

スマートフォン広告配置の鉄則
ライブドアブログのスマートフォン対応について

| 絶対法則 31 | 効果的な AdSense 配置事例
－フィーチャーフォン（従来の携帯電話）向け－ .... 120 |

時間コストを比較して導入するか判断しよう

| 絶対法則 32 | 効果的ではない AdSense 配置事例－ PC 向け－ .... 121 |

一番目につきやすいヘッダー部分にあるとどうなる？
全体の収益額に影響が出てしまう

| 絶対法則 33 | リンクユニットと検索ユニットも活用しよう .... 123 |

活用している人が少ないが大事な収益源
⚠ リンクユニット
⚠ 検索ユニット
ちりも積もれば……

Chapter-4
レポートの分析による広告とコンテンツの最適化　125

| 絶対法則 34 | 収益レポートの確認方法 .... 126 |

「パフォーマンスレポート」の項目からデータの確認
1 「プロダクト」レポート
2 「カスタムチャネル」レポート
3 「プラットフォーム」レポート
4 「広告タイプ」レポート
コラム CTR と CPC 129

11

絶対法則 35 コンテンツ ターゲットとインタレスト ベース ターゲティング広告を活用する..................130

訪問者の興味がある広告を表示させる
　インタレス ベース ターゲティング広告が増加傾向に
どちらが成果を上げやすいのか？
　コラム　インタレストベースターゲティング広告のしくみについて............131

絶対法則 36 テキスト広告／ディスプレイ広告を使い分ける..................132

広告が配信されるしくみ
　⚠ 両方掲載したほうが収益アップの可能性が高まる
　⚠ 評価が一番高い広告がユニット内の最上部に掲載される

絶対法則 37 親和性の低い広告をブロックして配信される広告をコントロール..................134

広告の許可とブロックの設定方法
　1 広告主のURLから設定する
　2 一般カテゴリ
　3 デリケートなカテゴリ
　4 広告ネットワーク

絶対法則 38 カスタムチャネルを設定する..................137

ウェブサイト、広告ユニット単位でクリック率、クリック単価がわかる
　1 カスタムチャネルの設定方法
　2 URLチャネルの設定方法
　コラム　所有サイトの登録..................141

絶対法則 39 プレースメントターゲットを設定する..................142

広告主にブログの特徴や訪問者の属性を知らせる
プレースメント ターゲット設定の方法
　⚠ プレースメント ターゲット設定までの3つの手順
広告主側から見たプレースメント ターゲット広告
　⚠ Google AdWordsの設定

絶対法則 40 広告表示の許可設定..................146

万が一のための予防策

絶対法則 41　アクセス解析で検索キーワードや訪問経路などを知る 147

ライブドアブログのアクセス解析
- **1** 月別アクセス
- **2** リンク元
- **3** 検索キーワード
- **4** ブラウザ／機種

Google アナリティクスのアクセス解析
アクセス解析はブログ運営の道標

絶対法則 42　アクセスが多い記事の補足記事や派生記事を追加する 153

「読者は何を知りたがっているのか？」を常に意識する

絶対法則 43　ブログ内の回遊性を高め 1訪問あたりのページビューを伸ばす 154

ほかの記事も読んでもらえるしくみづくりをする
- **1** サイドバーにカテゴリや最新記事、人気記事などを配置
- **2** 記事内に関連リンクを配置
- **3** 記事下部に関連する記事を掲載
- **4** ブログ内の人気記事を掲載

Chapter-5
Google AdSense でやってはいけないこと　　157

絶対法則 44　プログラムポリシーを熟読しよう 158

あなたと Google はビジネスパートナー
プログラムポリシーは必ず読んでおく

絶対法則 45　自己クリックやクリック依頼は厳禁 161

不正は Google に見抜かれる！
間違いクリック程度ならば申告の必要なし
どうしても広告先が見たい場合

絶対法則 46 広告周辺への紛らわしいテキストは禁止 165
- **事例❶** 掲載可
- **事例❷** 掲載不可
  1. 誤解を与えるテキスト（ラベル）
  2. 誤解に基づくクリックの誘導

絶対法則 47 アダルトコンテンツは厳禁！ 167
- 何が該当するのか？
- ファミリーセーフの概念

絶対法則 48 気づかないうちにやってしまいがちな違反事例 169
- **事例❶** アルコールに関するコンテンツ
- **事例❷** スクロールしなければ見えない位置にコンテンツを押し下げるレイアウト
- **事例❸** スマートフォンでのポリシー違反事例
  1. レクタングル広告をスマートフォン向けのサイト上部へ配置
  2. ユーザーフレンドリーではない場合（1 画面内に 2 つの広告が同時に表示される）

絶対法則 49 警告メールが届いたらすぐに対応を！ 172
- あわてないで 1 つずつ対応しよう
- ブログ修正後の申請方法
- AdSense ポリシー違反の 3 段階
  - ⚠ **違反❶** 警告
  - ⚠ **違反❷** 広告配置停止
  - ⚠ **違反❸** アカウント停止

絶対法則 50 アカウント停止になってしまったら 176
- 万が一のための予防策
  1. 念のため ID はメモしておく
  2. 日々の収益状況／アクセス状況をチェックしておく
  3. 異議申し立て

絶対法則 51 著作権を順守しよう 179
- 著作権は著作物を作成した人に発生する権利

人が書いたものを勝手に掲載してはいけない
自分の記事が盗用されてしまったら
- ⚠ 悪意ない盗用は問いあわせてみる
- ⚠ Google の検索結果に盗用された記事を表示させない
- **コラム** 引用を活用しよう 182

Chapter-6
月額報酬 1 万円の壁を超えるために　　　　　　183

絶対法則 52　**目標を達成するために……数値を細分化する** 184

まずは 1 日 300 円をクリアしよう
問題の課題化をする
AdSense チームから直接メールサポートが受けられる、
　週 2,500 円の収益を目指そう

絶対法則 53　**自分の強み・弱点を認識するために自分の課題を明確化する** 186

人が集まるブログの方程式
腑に落ちるまで要素を分解してみる

絶対法則 54　**複数のブログを運営してみよう** 188

過去の記事を再編集してスピンアウトさせる
成果が上がっているブログの水平展開をする
成功要因を分析して次のブログに繋げる
- **コラム**　海外向けの情報提供／海外からの情報の翻訳 191
- **コラム**　失敗とは何か 192

絶対法則 55　**公式ブログやコミュニティで最新情報をチェックしよう** 193

Google 公式の情報は必ずチェック

絶対法則 56　**自分に対して投資をしよう** 196

得た知識や体験をブログに反映していく
- ⚠ 自分に対する投資
- ⚠ ブログに対する投資

| 絶対法則 57 | **自分の立場に置き換えて応用する**..........................197 |

自分の状況に置き換えて実践するからこそ意味がある
- ⚠ 自分の頭で判断し、実行し、検証する
- ⚠ 自分で考えることに取り組む
- ⚠ あなた独自の成功の法則を！

あとがき 199

Chapter - 1

Google AdSense の
はじめかた

Google AdSense を利用するには自分の運営するブログ（ウェブサイト）と Google アカウントが必要になります。Chapter-1 ではブログの作成方法から Google アカウントの取得方法、そして Google AdSense の利用申請のやり方、利用できる広告の種類など、Google AdSense 全般について解説します。

すでに Google AdSense を利用している人にとってはご存知の情報も含まれますが、復習の意味も兼ねて一読しておくことをお勧めします。

絶対法則 01　Google AdSense のしくみ

Google AdSense（グーグル・アドセンス）は Google 社が提供・運営するクリック保証型（Pay Per Click 型）のインターネット広告サービスで、ブログ運営者は Google に使用申請し承認されることで利用することができるシステムです。

| 重要度 | ★★★★☆ | 難易度 | ★★★☆☆ | 対応 | HTML | 無料ブログ | WordPress |

Google AdSenseとは何か？

　AdSenseプログラムの広告コードを自分のブログに張りつけると、あなたのブログの記事（コンテンツ）を読み込み、記事テーマにマッチした広告が自動的に配信されます。例えば、旅行記のブログにAdSenseを掲載すると、旅行情報やホテルなどブログの内容に近い広告が自動的に配信されます。スマートフォンの解説ブログにAdSenseを掲載すると、アプリや携帯電話などの広告が配信されやすくなります。そして読者がAdSense広告をクリックすることにより、ブログ運営者に報酬が発生するしくみになっています。

　Amazonや楽天、アフィリエイトなどの成果報酬型広告は商品が売れないと収益に繋がりませんが、AdSenseは広告がクリックされるだけで収益になります。ですから、ブログの運営者は情報を集めたり、記事を書いたり、読者を増やすための施策に注力できます。この点がブログ運営者にとってはありがたいシステムになっています。

Google AdSenseの収益化までの流れ

① Google Adsenseに登録する
② 自分のブログにGoogle AdSense広告を掲載する
③ 住所確認の基準額（2014年6月現在は1,000円）に達した時点でPINを記載した書類が送られてくるので、指定の項目にPINを入力する
④ 支払い基準額（2014年6月現在は8,000円）に達した時点で入金される

　このような流れになっています。

● Google AdSense トップページ
https://www.google.com/adsense/

めまぐるしく進化し続けるサービス

　また、最近ではインタレストベース広告（興味関心連動型広告）も導入されています。インタレストベース広告とは、訪問者のブラウザに蓄積されたデータから過去の閲覧履歴や検索キーワードなどを解析して、興味や関心を持っていると思われる商品／サービスの広告を配信するシステムです。

　自分の趣味嗜好がコンピューターに解析されて広告に反映されるというのは、個人的には怖い世の中になったなぁと感じますが、関心度の高い広告を配信することで収益の最大化をねらうという視点で考えると心強いシステムとも感じます（現金な話ですね）。なお、Chapter-3で詳しく解説しますがコンテンツマッチ型・インタレストベース型の表示方法は運営者自身で変更することができます。ただし両者を併用したほうが収益が高まる場合が多いので、初期設定のままにしておいたほうが最初のうちはいいでしょう。

　次の項では、ブログ開設からGoogle AdSenseのアカウント登録まで解説していきます。

絶対法則 02 Google アカウント登録からブログの作成まで

Google AdSense に申し込むためには、Google アカウント（Gmail アドレス）と、すでに運営しているブログやウェブサイトが必要です。ログイン画面から新規アカウントを作成することができます。

重要度 ★★★☆☆　難易度 ★★☆☆☆　対応　HTML　無料ブログ　WordPress

アカウント名は使いやすいものにする

　アカウント作成自体は特に難しいことはないので割愛しますが、この1つのアカウントでGoogle AdSenseやアクセス解析のGoogleアナリティクスを利用します。よく利用するアカウントなので、覚えやすい・使いやすいアカウント名にしておきましょう。

　ブログは無料ブログでも、独自ドメイン＋レンタルサーバー＋WordPressなどのコンテンツマネジメントシステム（CMS）でもかまいません。ただ、独自ドメインやレンタルサーバーは月額数百円とはいえ料金がかかります。**最初のうちは無料ブログで開始して、収益が上がってきてからシステムにお金を投資してもいいかと思います。**

　無料ブログもさまざまなサービスが展開されていますが、本書では自由度が高く利用者の評価も高いライブドアブログを事例にして解説していきます。

● Google ログイン画面
https://www.google.com/

1つのアカウントでGoogle AdSenseやアクセス解析のGoogleアナリティクスを利用。使いやすいアカウント名にしておきましょう。ログインをすると、あなたが登録しているすべてのGoogleアカウントが紐づけられるようになっています。

記事を書いてみよう

ブログが開設できたら記事を書いていきましょう。**最初のうちはブログのデザインやレイアウトにこだわるよりも記事を増やすことに注力しましょう。**最低限、文字が小さすぎだとか、段落替えをしないだとか、読みづらい文章にならないよう注意すれば大丈夫です。

● ライブドアブログ
http://blog.livedoor.com/

PC・スマートフォン・ケータイで高品質なデザインテンプレートを用意。さらに、カスタマイズ機能でオリジナルデザインをつくることも可能です。PCデザインのカスタマイズは、ヘッダにオリジナル画像をアップロードするかんたん画像設定機能のほか、HTMLやCSSを編集してカスタマイズしたいという人も、わかりやすいシンプルなHTMLコードから編集が可能です。

また、スマートフォン・ケータイのカスタマイズは、HTMLやCSSの知識がなくても画像アップロードや色の選択など、管理画面からの簡単な操作だけでオリジナルデザインがつくれます。

最初の目標は600文字の記事を10日間毎日投稿

最初から書く気力を削ぐような話で恐縮ですが、最初の10～20記事は残念ながらほとんど誰にも読まれません。逆に文章の練習だと捉え、前向きにどんどん記事を投稿しましょう。

最初の目標は600文字程度の記事を10日間毎日投稿することです。そんなに書く内容がないと感じる人もいると思いますが、読んだ本の感想や、食事をしたレストランの感想でもかまいません。文章を書くことに慣れてきたら、自分の得意分野・専門分野の内容を記述していくことをお勧めしますが、最初からハードルを上げてしまうとプレッシャーになって長続きしません。Chapter-2以降で具体的なブログテーマの設定方法などを解説しますが、ブログ開設当初は楽しみながら文章を書くことに心を向けましょう。

読みづらい文章の例

段落がない

Google AdSense の一番のメリットは、自分の得意分野、興味のあることを発信していくだけで収益を生み出す可能性が生まれるということです。詳細は本書内で解説しますが、Google AdSense という広告システムは記事の内容や読者の趣味嗜好にマッチされた広告が自動的に配信されますので、「自分の発信したいことを書く」という行動に集中するだけで OK です。あなたは記事を書いて読者を集めることに注力でき、Google がそれぞれの読者に最適化された広告を判断し表示させ、広告の内容に興味を持った読者が広告をクリックすることであなたに収益が発生するわけです。そういっても、誰もが最初から簡単に大きな金額を稼げるわけではありません。月額 1 万円の収益を生むためには 1 日平均 333 円の収益を上げなければいけません。あなたが取り扱うブログのテーマによって多少の違いはありますが、一日 300 円の収益を見込むためには目安として一日 1000 ページビュー程度は必要

WEBでの記事は一般的に横書きとなります。縦書の小説ならまだしも、段落がない文章はこのように一見して読みづらいものとなり、すぐに他のページに移動されてしまいます。

文字が小さい

Google AdSense の一番のメリットは、自分の得意分野、興味のあることを発信していくだけで収益を生み出す可能性が生まれるということです。

詳細は本書内で解説しますが、Google AdSense という広告システムは記事の内容や読者の趣味嗜好にマッチされた広告が自動的に配信されますので、「自分の発信したいことを書く」という行動に集中するだけで OK です。

あなたは記事を書いて読者を集めることに注力でき、Google がそれぞれの読者に最適化された広告を判断し表示させ、広告の内容に興味を持った読者が広告をクリックすることであなたに収益が発生するわけです。そういっても、誰もが最初から簡単に大きな金額を稼げるわけではありません。

月額 1 万円の収益を生むためには 1 日平均 333 円の収益を上げなければいけません。あなたが取り扱うブログのテーマによって多少の違いはありますが、一日 300 円の収益を見込むためには目安として一日 1000 ページビュー程度は必要になります。

本書ではどうやってそれだけの訪問者を集めるのか、広告をどのように配置することで効率的に収益に変えられるのかという点にフォーカスして、みなさんのお役に立てるような内容を紹介します。

ゼロだった収益を 1 万円にするということはとても大きな労力がかかりますが、1 万円を 2 万円に、2 万円を 10 万円に増大させることはそれほど難しくありません。何事も最初が大変なのです。

文字の大きさも注意しましょう。いくら段落を空けていても、文字が小さいと「目がチカチカする」といった理由で敬遠されがちです。

　10 〜 20 記事を公開したら、いよいよ Google AdSense の利用申請を行います。

1. アカウント名は使いやすいものにする
2. まずはとにかく記事を書いてみる
3. 読みやすい文章構成を意識する

絶対法則 03 Google AdSense プログラムの利用申請

ブログの記事が充実してきたら、Google AdSense の利用申請を行いましょう。Google AdSense のトップページ内の「今すぐ開始」ボタンをクリックすることで、申請手続きがはじまります。2014年6月現在、Google AdSense の審査は2段階制になっています。

| 重要度 | ★★★☆☆ | 難易度 | ★★☆☆☆ | 対応 | HTML | 無料ブログ | WordPress |

1次審査

　申し込みフォームにあなたのブログのURLを入力し、言語を選択します。続いてGoogle AdSenseの利用規約とプログラムポリシーの主要原則が掲載されているので、あなたのブログがこれらの項目に準拠しているか確認しましょう。次のページでは、国、タイムゾーン、アカウントの種類、名前、住所、電話番号を登録していきます。収益を銀行振込みで受け取る場合、申請者の名前と口座名義が一致している必要があるので注意してください。なお、住所は本人確認用の封筒（PIN）が郵送されてくるので、郵便物を受け取れる住所を入力してください。

　必要事項を入力し、次のページに進むと申請完了です。ここからGoogle AdSense担当者による1次審査が行われ、約1週間で審査結果がメールで通知されます。

● 1次審査申込画面

一般的な日記ブログや、読者の役に立つ内容が掲載されているブログならば大きな問題もなく承認されるはずですが、Googleの公式見解として利用登録についてのヘルプや動画が公開されているのでしっかりとチェックしておきましょう。

● **AdSense アカウントを取得しよう！ AdSense 公式チャネル**
http://www.youtube.com/watch?v=dLedMvYLFTg

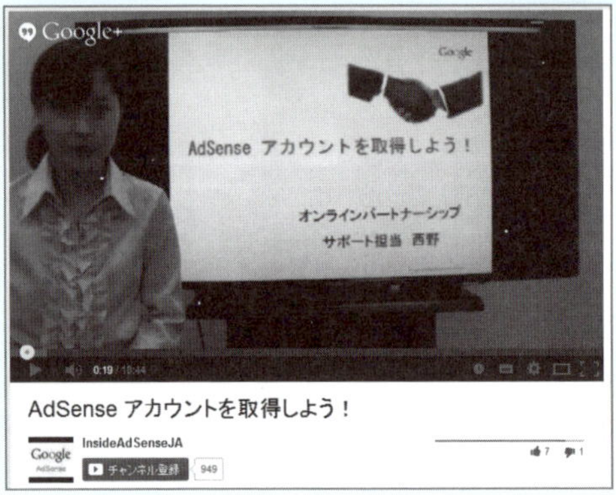

AdSense公式チャネルはGoogle AdSenseに関する情報をお届けするYouTube公式チャネルです。AdSenseアカウントの取得方法や収益を向上させるためのTips にいたるまで、わかりやすく役に立つ情報が配信されているチャネルです。

● **ヘルプ － Google AdSense お申し込み方法**
https://support.google.com/adsense/answer/10162?hl=ja

2次審査

　1次審査の通過メールが届いたら、次は2次審査の準備に入ります。
　2次審査を受けるためにはブログに広告コードを挿入する必要があります。1次審査を通過するとGoogle AdSenseの管理画面にログインできるようになるので、「広告の設定」から適切な大きさの広告ユニットを選択してコードを取得します。あくまでも審査用なのでどのサイズを選んでもいいのですが、注意点としてブログの横幅に収まるようなサイズにしてください。サイズをオーバーしていると広告が見切れてしまうことになり、審査を通過しない可能性があります。
　広告サイズの詳細については 絶対法則04 （29ページ参照）をご覧ください。

● 「広告ユニット」からサイズを選定

ひとまず150×150などの小さめのサイズを指定しておくと安心です

ライブドアブログの設定をしよう

　続いてライブドアブログの設定に入ります。ライブドアブログの管理画面から「ブログ設定」をクリックします。次に「ブログパーツ」をクリックし、画面下部にある自由なカスタマイズ用という項目内の「フリーエリア」をサイドバー（A、Bと書かれている場所）に移動します。フリーエリアの設定に先ほど取得したAdSenseコードを張りつけて保存すればひとまず手続きは終了です。確認のためブログを表示させてみて、指定したAdSenseのサイズと同じぐらいの空欄ができていればOKです。

手順1 ブログ設定

ライブドアブログの管理画面から「ブログ設定」をクリック

手順2 ブログパーツ

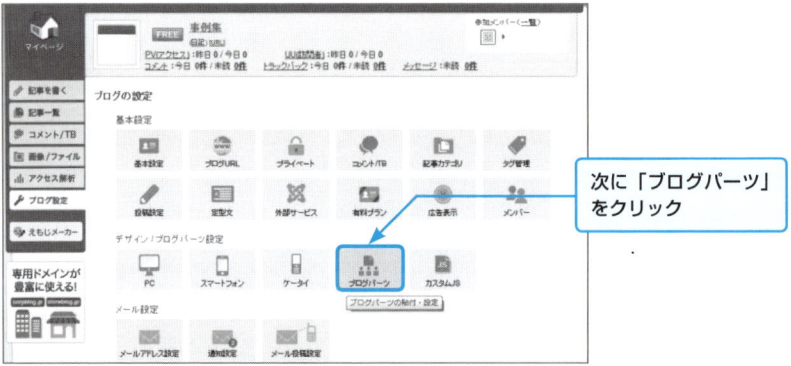

次に「ブログパーツ」をクリック

手順3 「フリーエリア」をサイドバーに移動

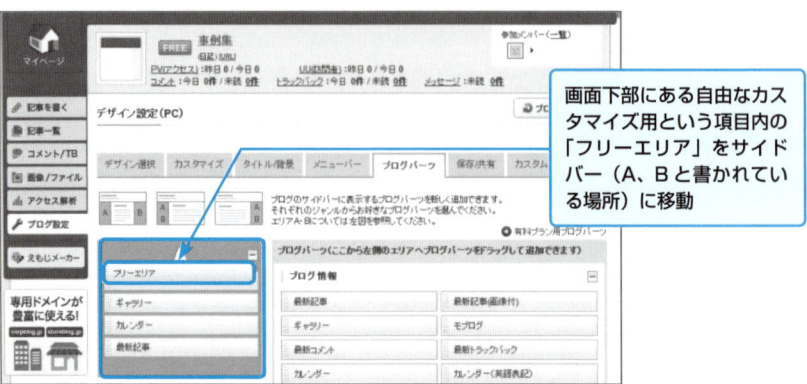

画面下部にある自由なカスタマイズ用という項目内の「フリーエリア」をサイドバー（A、Bと書かれている場所）に移動

手順4 AdSenseコードを張りつけて保存

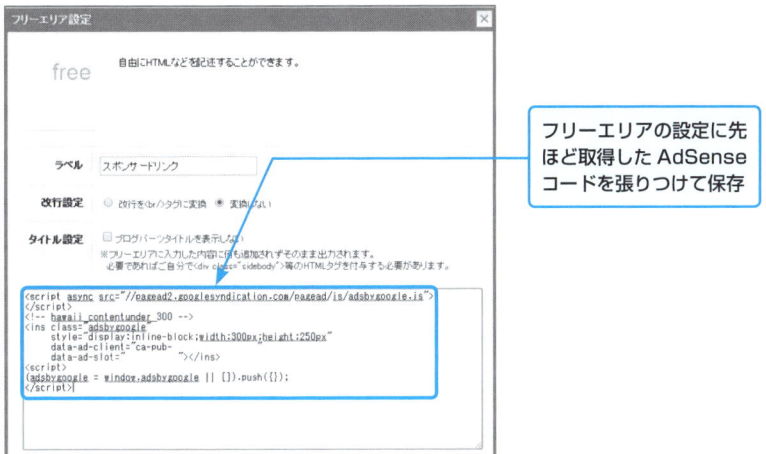

フリーエリアの設定に先ほど取得したAdSenseコードを張りつけて保存

　コードが張りつけられたことをAdSense側が自動的に認識し、2次審査に入ります。2次審査は多少時間がかかるので審査結果が出るまでゆっくり待ちましょう。
　なお、公式サイトには以下のように記されています。

> お申し込みサイトに広告コードを挿入していただいた後、広告の表示回数が特定のインプレッションを超えた時点で2次審査が開始されます。

　よって、アクセス数が多いほうが早めに審査される傾向があるようです。
　Google AdSenseの利用申請についてはそれほど難しい点はありませんが、どうしても承認されないという人は、運営サイトがプログラムポリシーに準拠しているかどうかを再確認しましょう。
　特にコンテンツガイドラインが重要で、以下の情報が掲載されているようなサイトではGoogle AdSenseの配信を受けることができません。このような情報が含まれていないかを確認したうえで、再度申請をしてみましょう。

● **AdSense プログラムポリシー**
  https://support.google.com/adsense/answer/48182

● **AdSense ポリシーに関するよくある質問**
  https://support.google.com/adsense/answer/3394713?hl=ja

- ポルノ、アダルト向け、成人向けのコンテンツ
- 暴力的なコンテンツ
- 人種差別または個人、団体、組織の中傷に関するコンテンツ
- 不適切な表現
- ハッキングやクラッキングに関するコンテンツ
- 違法な薬物や麻薬関連の器具に関するコンテンツ
- ビールやハードリカーの販売
- タバコやタバコ関連商品の販売
- 処方箋医薬品の販売
- 武器や弾薬（銃火器、銃火器の部品、刀剣、スタンガンなど）の販売
- ブランド品やその他の商品の偽造品、模倣品の販売
- 講義内容や論文の販売や配布
- 報酬を提供して、広告や商品のクリック、検索、ウェブサイトの閲覧、メールの購読をユーザーに促すプログラムに関連するコンテンツ
- その他の違法なコンテンツ、不正行為を助長するコンテンツ、他者の法的権利を侵害するコンテンツ

（AdSense プログラムポリシーより引用）

1 1次審査前には利用登録のヘルプや動画をチェックする
2 2次審査は適切な大きさの広告ユニットを選択する
3 プログラムポリシーやガイドラインを必ず守る

絶対法則 04　AdSense 広告の種類

Google AdSense 広告にはさまざまなフォーマットが用意されています。効果的なサイズや配置については Chapter-3 以降で詳しく解説しますが、ここでは広告の種類について紹介します。

| 重要度 | ★★★★★ | 難易度 | ★★☆☆☆ | 対応 | HTML | 無料ブログ | WordPress |

広告❶　コンテンツ向け AdSense

1 広告ユニット

　テキスト広告（文章のみの広告）、ディスプレイ広告（画像広告）が選択可能で、なおかつサイズも豊富なので収益の中心になる広告スタイルです。

　広告ユニットのサイズは大きなものから小さなものまで提供されており、その時代に最適だと Google が判断するサイズが適宜追加されています。

　最近ではブログレイアウト（横幅）に応じて自動的に最適なサイズを提供してくれる「レスポンシブ広告ユニット」や、自分自身でサイズを指定できる「カスタム広告ユニット」が追加されています。

⚠ お勧めの広告サイズ

　Google のお勧めする広告のサイズは、レクタングル広告（大）（336×280）、レクタングル広告（300×250）、ワイド スカイスクレイパー広告（160×600）とのことです。

　ちなみに私はビッグバナー（728×90）サイズをよく利用しています。ただ、ビッグバナーを使う場合にはメインのコンテンツを書くエリアの横幅が728ピクセル以上が必要なため、ウェブサイト全体の横幅によっては広告が見切れてしまう場合や、ブログのバランスが崩れてしまう可能性があります。そのため横幅が小さいブログでは注意が必要です。

　Google もヘルプ記事で書いていますが、自分のウェブサイトに最もマッチするサイズを選んで使用することが一番重要です。

2 広告ユニットのサンプル

● 300 × 250 サイズ（テキスト広告・ディスプレイ広告）

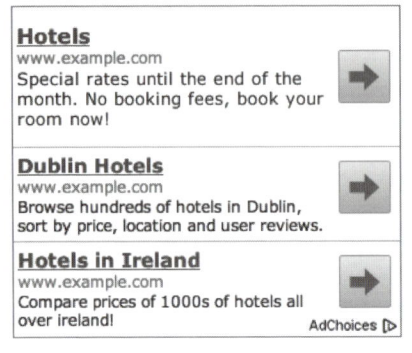

● 728 × 90 サイズ（テキスト広告・ディスプレイ広告）

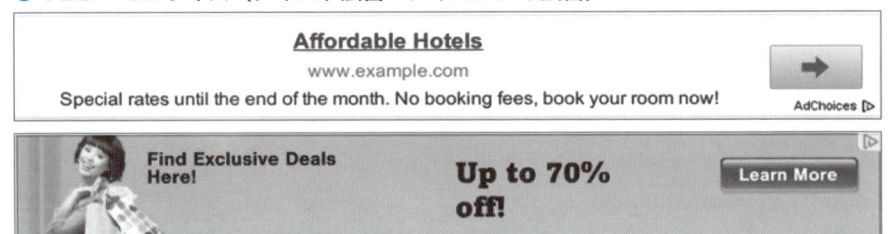

3 リンクユニット

　広告ユニットと異なり、関連性のある広告がリンクのように箇条書きで表示されます。広告ユニットよりも小さなサイズのため、ウェブサイト上のわずかなスペースを活用して収益を生み出すことができる便利なユニットです。

● 468 × 15 サイズ

Ads by Google　Making Cheese　Aged Cheese　Gouda Cheese　Cheese Rennet

● 180 × 90 サイズ

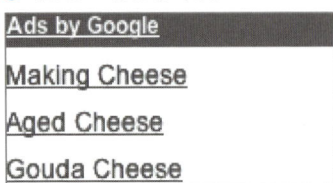

● リンクユニットのサイズ一覧
https://support.google.com/adsense/answer/185679

　ユニット自体は小さいですが、効果的な位置に張ることによって成果を生み出す可能性のあるユニットです。サイドバーや記事上部（ウェブサイトタイトルの下）あたりに掲載しておくといいでしょう。

広告 ❷ 検索向けAdSense

　検索向けAdSenseとは、自分の運営するウェブサイトにGoogle検索用の検索ボックスを配置して、そのボックスを使ってサイト訪問者があなたのブログ内の検索を行った際に、検索結果にAdSense広告を表示できるものです。

● 検索ユニット

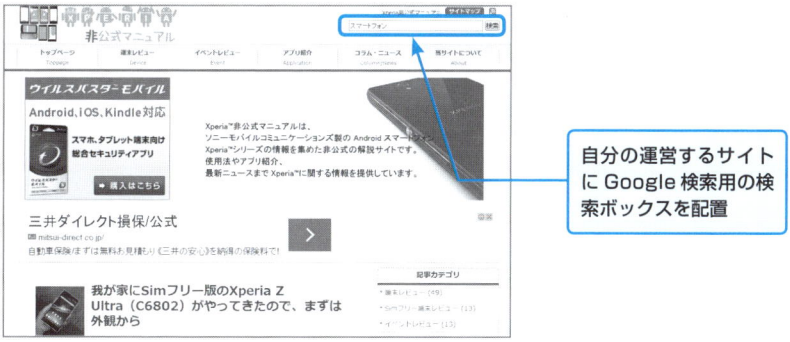

自分の運営するサイトにGoogle検索用の検索ボックスを配置

　この検索ボックスを使用して、ウェブサイト内の関連記事を検索した場合、以下のような画面が表示されます。枠で囲ってある個所がAdSense広告になっており、ここに表示されている広告がクリックされると収益が発生します。

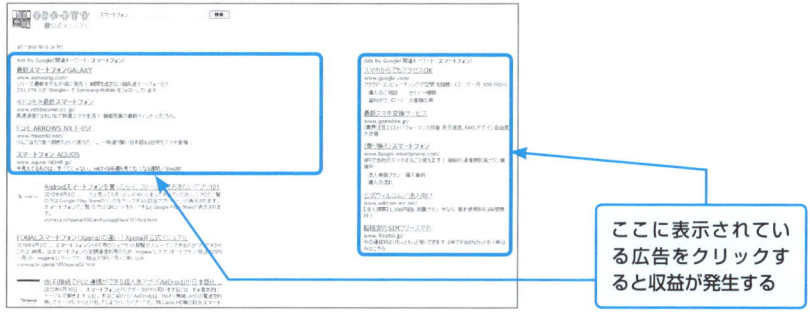

ここに表示されている広告をクリックすると収益が発生する

無料ブログやWordPressなど、元々の機能として検索ボックスがついているサービスが多いですが、備えつけの検索ボックスではなく検索向けAdSenseを利用することにより収益を向上させることができます。

広告❸ モバイル広告

1 ハイエンド（スマートフォン）端末向け AdSense

　「ハイエンド端末向けAdSense」とは、iPhoneやAndroid、Windows Phone等のフルインターネットブラウザ搭載のスマートフォン（ハイエンド端末）に最適化されたGoogle AdSense広告です。

　2014年6月現在、iPhoneのブラウザでの横幅は320ピクセル、一般的なAndroidスマートフォン端末のブラウザでの横幅は340ピクセルとなっており、このサイズ内であればPCと同様のAdSense広告を配置することができます。またハイエンド端末専用の広告も2種類あり、PCの項目でも紹介しましたがブラウザの幅を感知し広告サイズを自動的に最適化してくれるレスポンシブ対応の広告も利用できます。

● テキスト広告（シングル、ダブル）

● ラージ モバイル バナー（320 × 100）

2 モバイルコンテンツ向け AdSense

　「モバイルコンテンツ向けAdSense」とは、WAPブラウザ搭載の携帯端末（従来の携帯電話向けウェブサイト）用のGoogle AdSense広告です。PC向けのAdSense広告との違いは、次のようになっています。

> **モバイル向けAdSense広告の特徴**
> ● モバイル向けAdSense広告は2種類（シングル、ダブル）のみ
> ● 広告を配置できるのは1ページにつき1つ

　広告のサイズは携帯電話画面の幅に最適化されていますが、配置できる個数は1つに制限されています（PC、スマートフォン向けのブログの場合は1ページに3つまで配置可能）。

● テキスト広告（シングル、ダブル）

● バナー広告

日本標準サイズ
192×53 — 5 KB 以下

[広告] www.displayURL.com

広告 ❹ YouTube向けAdSense広告

　動画共有サイト「YouTube」の動画下部やサイドバーにAdSense広告を表示することができます。

● YouTubeのAdSense広告

動画が再生されると出てくるバナーがYouTube向けAdSense広告

動画ユニットの使用にはYouTubeのアカウントが必要で、YouTubeパートナープログラムに参加する必要があります。YouTubeパートナープログラムには独自のガイドラインがあります。次頁のリンクから確認しておきましょう。

> ● YouTube パートナープログラムとは
> https://support.google.com/adsense/answer/72851?hl=ja

今まで紹介したブログとAdSenseを利用しての収益化方法と、YouTubeとAdSenseを利用した収益化方法は、広告を視聴・クリックしてもらうという点では一緒ですが、読者（視聴者）を集めるための施策は大きく変わってきます。YouTubeでの収益化についてはいろいろな書籍も発売されています。興味がある人は研究してみてください。

ほかにもスマートフォンアプリ向けAdSenseもありますが、今回のテーマには適合しないので割愛します。もしアプリ開発をしていて興味がある人は「AdMob」で調べてみてください。なお、各々の広告の特色については公式ヘルプでも詳しく解説されています。

> ● AdSense 広告のサンプル
> https://support.google.com/adsense/
> topic/29561?hl=ja&ref_topic=1307421

1. 大きく分けると広告は4種類ある
2. Googleがお勧めする広告サイズは、レクタングル広告（大）（336×280）、レクタングル広告（300×250）、ワイドスカイスクレイパー広告（160×600）
3. YouTubeとAdSenseを利用した収益化方法は、広告を視聴・クリックしてもらうという点では一緒だが、自分のブログデザインにマッチした広告を選択することが重要

絶対法則 05 報酬支払いまでの流れ

収益総額が 8,000 円を超えると報酬が支払われます（支払い基準額は 2014 年 6 月現在）。ただ報酬を受け取るためには銀行口座登録の手続きが必要になるので、忘れずにやっておきましょう。

| 重要度 | ★★★★★ | 難易度 | ★★★☆☆ | 対応 | HTML | 無料ブログ | WordPress |

銀行口座の登録

　収益を受け取るには銀行口座の登録手続きを行う必要があります。細かい登録方法については公式ヘルプに掲載されています。ここでは大まかな流れと注意点を解説していきます。

⚠ 銀行口座振込（電子決済）で支払いを受け取る

https://support.google.com/adsense/answer/1714398?hl=ja

⚠ 住所（PIN）確認の概要

https://support.google.com/adsense/answer/157667?hl=ja

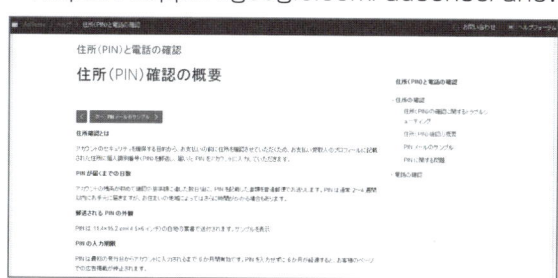

大きな流れとしては下記になります。

報酬支払いまでの流れ
① 銀行口座を登録
② Googleから振り込まれるテストデポジットの入金確認、指定項目への入力
③ 住所確認の基準額（2014年6月現在は1,000円）に達した時点でPINを記載した書類が送られてくるので、指定の項目にPINを入力
④ 支払い基準額（2014年6月現在は8,000円）に達した時点で入金

　手続き自体に難しいところはないと思いますが、2つ注意点があります。
　1つ目は先にも述べましたがGoogle AdSense利用申請者の名前と口座名義が一致している必要があるという点。
　2つ目は口座名義は半角カタカナで入力するという点です。口座名義は漢字でも入力できてしまいますが、半角カタカナで入力しないと承認されませんので気をつけてください。

　以上で、準備は完了です。Chapter-2以降ではブログの記事の書き方や集客方法などについて、より詳しく解説していきます。

コラム

管理画面から金額の変更ができる

　管理画面から支払い基準額の変更や報酬支払いを保留することもできます。使う機会は多くないと思いますが、利用する際は任意の金額に設定しましょう。

Chapter - 2

集客できるブログの作成法

Google AdSense で収益を上げるためには、まず読者を増やさなければいけません。Chapter-2 では、あなたのブログの訪問者を増やすための施策や考え方について解説します。

あなた自身の知識や体験をわかりやすく公開することで読者は少しずつ増えていきます。残念ながらブログの読者を増やす特効薬はありません。ひとつずつ有益なコンテンツを投稿し、ファンを増やしていきましょう。

絶対法則 06 自分の得意分野の洗い出しをしよう

いよいよ具体的にブログ運営の話に入っていきます。この書籍のテーマとして、あなたの得意分野や好きなことを発信して収益にしていくという点があります。まずは得意分野の洗い出しからはじめてみましょう。

| 重要度 | ★★★★★ | 難易度 | ★☆☆☆☆ | 対応 | HTML | 無料ブログ | WordPress |

得意分野を見つける3つのステップ

ただ漫然と自己満足の日記を書いても成果には繋がりません。**自分の強みや得意分野をあらかじめ洗い出しておくことで、読者にとって魅力的なコンテンツを提供できるようになります。これがブログをはじめるにあたり一番重要な項目になります。**ブログを運営開始する前に多くの項目を出しておくことで、ネタ切れにより更新が止まってしまうことを防ぐねらいもあります。

では具体的にどのように自分の得意分野を掘り起こせばいいでしょうか。ここでは3つのやり方を挙げていきます。

> **得意分野を洗い出す**
> ① 自分の好きなこと（やりたいこと）嫌いなこと（やりたくないこと）を書き出す
> ② 自分の過去の経験を振り返り、できることを書き出す
> ③ 経験はないが興味の強い事項、学びたいことを書き出す

人それぞれいろいろな方法があると思いますが、ひとまずこの3点を解説していきます。**すべてにおいて「書き出す」というフレーズが入っていますが、頭の中に浮かんだ単語やフレーズを外部に出すということが非常に重要です。**出力するツールはノートでも単語帳でもパソコン上のテキストファイルでも、スマートフォンを活用して自分にメールを送るでもかまいません。ボイスレコーダーにワンフレーズずつ吹き込んでいってもOKです。とにかく思いついた事項を抽出していきましょう。

STEP ❶ 自分の好きなこと（やりたいこと）嫌いなこと（やりたくないこと）を書き出す

　例えばサッカーが好きで、Jリーグや海外サッカーについての知識が豊富であれば、その情報をわかりやすく詳細に伝えていくことで訪問者に価値を提供することができます。英語が得意で海外の芸能情報が好きなのであれば、海外のタブロイド紙の情報を読者にわかりやすく翻訳して伝えてもいいでしょう。**好きなことというのはそれだけで１つの強みとなります。**

　逆に嫌いなこと（やりたくないこと）も同時にピックアップしておきましょう。なかなかアクセスや収益が伸びないとき、「アプリ情報を取り扱えばすぐ結果が出る」という話を聞いたとしましょう。もしアプリに興味があるのであれば取り扱ってもかまいませんが、電子機器が苦手なのに無理に取り入れようとすると、ブログを書くモチベーションまで減退させてしまいます。最初から苦手な分野も抽出しておき「このジャンルは取り扱わない」と決めておくことで、自分の軸をぶらさずに記事を書き続けられます。

STEP ❷ 自分の過去の経験を振り返りできることを書き出す

　私の場合は、会社員時代に人事（採用）業務を７年ほど担当していたので、就職活動や転職活動に関する情報やノウハウをたくさん持っていました。せっかく知識や経験があるのであれば、そのノウハウを公開することで喜んでくれる人がいると思い、書きはじめたのが「元採用担当者がこっそり教える 就職活動・転職活動対策室」（次頁 ❶）というブログです。

　また、家族旅行に行ったときにも写真を撮り溜めておいたり、現地の情報をメモしておくことでブログ記事のネタにしています。「沖縄パワースポット旅行記」は典型的な例でした（次頁 ❷）。

　さらには「銀座ランチガイド」という勤務地近くのランチスポットをまとめたブログも運営していました（次頁 ❸）。

　ランチは基本的に毎日食べるので、１カ月に約20記事のストックができます。このように日々の生活に絡ませてしまうのも、長い期間ブログを続けるコツです。エリアによってランチの情報は変わってくるので、オリジナリティの高いブログをつくれるというメリットもあります。

❶ 元採用担当者がこっそり教える 就職活動・転職活動対策室
http://someya.tv/syukatsu/

2009年6月ごろ作成。利用システムはMovable Type。

通算記事は50〜60記事で通算PVは2012年5月からのカウントで約25万PV。サイト自体は1カ月程度で完成し、その後は必要だと感じたときに適宜記事を更新しているスタイル。毎日500〜1,000ぐらいのPVを安定的にカウントしています。

自分の人事担当者経験から、就職活動をしている人にとって役に立つ情報提供を第一に考えて記事を書いています。面接対策や職務経歴書のテンプレートの提供など、自分が就職活動中だったら何が必要かを考え、コンテンツをつくりました。

❷ 沖縄パワースポット旅行記
http://luckluck.me/okinawa/

2009年6月ごろ作成。利用システムは最初がMovable Typeで、2011年の終わりごろにWordPressに変更。記事数は約60で、通算PVはシステム移管時からの2年間で約12万PV。2009年に沖縄旅行に行った際に記事のネタを収集し1カ月ほどで完成。2011年に再び沖縄旅行に行った際、別の観光スポットの情報も収集し、適宜更新しています。

オフシーズンは1日200程度のPVですが、ピークシーズンになると500〜1,000PV/日ぐらいまで上がります。旅行系のウェブサイト全般的にいえますが、季節要因の大きいジャンルでもあります。

❸ 銀座ランチガイド（現：旨いぞ！　ランチガイド）
http://happylifestyle.jp/lunch/

2007年6月ごろ作成。利用システムは最初がMovable Typeで、2011年の終わりごろにWordPressに変更。記事数は約80で、通算PVは100万PV程度。当初は銀座・新橋近辺のランチスポットをメインに紹介していましたが、ほかのエリアのランチ情報も載せるようになり現在では「旨いぞ！ランチガイド」というストレートなブログ名になっています。

頻繁に更新していた時期は「銀座　ランチ」という検索ワードで1ページ目に表示されていたため、1日1,000PVを超えるアクセスがありました。読者の属性も「銀座近辺でランチスポットを探している人」とわかりやすかったので、読者が気になるであろう「待ち時間」や「ボリューム」、「金額」などの内容も掲載しました。

　体験・経験というものは自分自身で得た情報で、ほかの誰にもないオリジナリティの高い情報となります。仕事上の経験や知識、生活の中で体験したことをもれなく活かすことで魅力的なコンテンツに仕上げることができます。なお、このようにテーマを絞って別々のブログとして運営してもかまいませんし、ブログ内でカテゴリ分けして雑多な情報を取り扱うブログを1つつくっても問題ありません。自分が運営しやすい、記事を書きやすいスタイルを選んでください。

STEP ❸ 興味の強い事項、学びたいことを書き出す

　現在の自分自身の知識や経験にどうしても自信が持てないのであれば、これから読者と一緒に学んでいくというスタイルも考えられます。

　Google AdSense成功事例に掲載されている「Xperia非公式マニュアル」（次頁❹）はまさにこの形態で、当時、発売されたばかりで使い方がまったくわからなかったAndroidスマートフォンの使用法の解説と、役に立つアプリの紹介をメインのテーマに据えました。

　今の自分ではわからないことでも、**読者と一緒に試行錯誤し成長していくさまを記事として提供することで、十分に価値のある内容となります。**

❹ Xperia 非公式マニュアル
http://someya.tv/xperia/

2010年4月に運営開始。当初は無料ブログのFC2ブログで運営していましたが、開設当初から急激なアクセスがあったため、Movable Typeに移行。ピーク時は1日7万PVほど、通算3,000万PVを超えるブログに成長しました。また、Google AdSenseの成功事例にも掲載されています。

自分自身でXperiaを使ってみて不便だと感じた点を中心に解説したブログで、画像をたくさん使用して同じ状況で悩んでいると思われる読者にわかりやすく伝えることを重視しました。ほかにも有用なアプリの紹介や新機種のレビューなどを掲載し、現在では1,000記事ほどの規模になっています。

　ここで挙げた3つのやり方はあくまでも1つの例で、自分自身を振り返ることでまだまだ多くのテーマを見つけ出すことが可能です。よく「**自分にはまったく特別な得意分野がない**」という発言をする人もいますが、決してそんなことはありません。人はそれぞれ個性があり、まったく同じ特性を持った人間などいません。興味のあること、得意分野が「ない」のではなくただ「忘れてしまっている」だけです。

　子どものころに興味があったことや得意だったこと。自分の趣味を世に広めたい。自分の子育てで困ったことや知っていて役立ったことを、次の子育て世代に伝えたい。

　テーマやジャンルは星の数ほどあります。あなた自身が興味を持って長く続けられるようなジャンルを思いつくかぎり抽出しておきましょう。

> Check!
> 1. 好きなことというのはそれだけで1つの強みとなる
> 2. これまでやってきたこと（過去）を振り返ってみる
> 3. 読者と一緒に試行錯誤し成長していく姿を記事にする

絶対法則 07 ブログの完成予想図をつくってみる

自分の棚卸しが終わったら、次はブログの完成予想図を決めましょう。完成予想図といってもブログのデザインを意味しているのではなく、どのような方向性でブログを運営していくのかを想定しておきましょうということです。ブログの運営スタイルは大きく分けて2つのパターンがあります。

重要度 ★★★★☆　難易度 ★★☆☆☆　対応 HTML 無料ブログ WordPress

運営スタイル ❶ 専門情報型

まず1つ目が専門情報を中心に取り扱うブログです。前項で事例として載せた就職・転職情報提供のブログや、旅行記、スマートフォン情報ブログなども専門情報ブログに位置します。書評やグルメブログ、料理ブログなども専門情報系に属します。

運営スタイル ❷ 雑記ブログ型

もう1つが話題性の高い情報や、自分自身の日々の気づき、イベントレポート、あるいは専門的な情報を分けずに1つのブログ内にまとめた、雑多な情報を取り扱うブログです。代表的なブログとしては「gori.me」(次頁 ❶)や「め〜んずスタジオ」(次頁 ❷)などが挙げられます。特に事例で挙げた2つのブログは、ブログの収益だけで生活できてしまうだけの報酬を得ています。彼らの情報収集能力と、得た情報をベースに読者の関心を引き、読みやすく加工する能力、自らの体験量、そして記事の投稿量は他の追随を許さないほど秀でています。

　ブログを運営開始してすぐにアクセスを集めたいのであれば、日々の情報やトレンドを取り入れた情報提供＆大量更新ブログのほうが目に見える成果が出ると思います。しかし、初心者のうちはジャンルを絞った専門情報提供型のブログ運営をお勧めします。なぜかというと、彼ら自身、毎日相当数の記事を投稿しています。そしてそれを何年も継続して運営しています。ブログを開始したばかりの初心者の段階から彼らを目指してしまうと(よほど書くのが楽しくて楽しくて仕方がないという人は別ですが)最初の1カ月で息切れしてしまうことでしょう。まずは1日1記事でもいいので、あなたの書きやすい、得意分野の内容をコツコ

ツと投稿していったほうが「ブログを書く」習慣づけになりやすいです。

とはいっても、人によって得手不得手は違うので、自分の性格や特徴を認識して、自分にあったブログの運営スタイルを決めておきましょう。

❶ gori.me（g.O.R.iさん運営）

http://gori.me/

「gori.me」（ゴリミー）はg.O.R.i（ゴリ）さんが運営するブログメディアです。iPhone/Mac/iPadなどのApple関連最新情報やモバイル業界の話題のニュースを配信しつつ、おもしろ画像やお気に入りの音楽、グルメ情報やお買い得情報と商品レビューなど、幅広いジャンルの記事を公開しています。

特筆すべきはその更新量で、1日10記事近い量を毎日のように投稿しています。

❷ め〜んずスタジオ（アスカさん運営）

http://www.asuka-xp.com/

「め〜んずスタジオ」はライブドアブログ（有料サービス版）を利用しているので、この書籍で取り扱う内容にもかなり合致しています。

記事を読み込んだり、デザインや広告配置を分析するだけでもかなり参考になると思うので、ぜひ隅々まで眺めてみてください。

Check!
1. ブログには「専門情報型」と「雑記ブログ型」がある
2. 初心者はジャンルを絞った専門情報提供型のブログ運営がお勧め
3. 自分の性格や特徴を認識して自分にあったブログのスタイルを選択

絶対法則 08 読者のニーズにあったテーマを選択する

自分の得意分野を抽出しブログの運営スタイルを決めたら、いよいよ取り扱う「メイン」テーマを決めましょう。ユーザーがウェブサイトを訪れるのには必ず目的があります。アクセスを集めるには自分のウェブサイトを訪れた訪問者を満足させてあげることが重要です。

重要度 ★★★☆☆　難易度 ★★☆☆☆　対応 HTML 無料ブログ WordPress

テーマの決め方 ❶ 好きなこと

ブログ運営を続けるためには「好きなこと」をやることが一番重要です。

いくら「流行している」「儲かりそうだ」と思ってブログをつくっても、それが好きなことでなければ更新を続けることが面倒くさくなってきますし、本当に好きな人が書いた記事と比較すると内容の深さが全然違ってきます。

私の場合は、「文章を書くこと」「使えなかったモノを使えるようにすること」「説明すること」が好きだったので結果的に解説サイトになりましたが、写真を撮るのが好きな人であれば「躍動感のある写真の撮り方」を解説したり、いろいろな写真を公開して「素材集」などのサイトをつくっても面白いと思います。

肝心なのは自分にあったテーマを選ぶということです。

テーマの決め方 ❷ 知識がある・経験したこと

自分が知りたいことがわかりやすく解説してあるブログがあったらうれしいですよね？

そのようなブログをあなたもつくってみたらいかがでしょうか。

あなた独自の「仕事や趣味で得た知識や経験」というのは、あなたにとってはあたりまえのことであっても、知らない人・それを調べている人にとってはとても有益な情報になります。

自分の身についているものですから、それを自分の言葉でわかりやすく、特に事例を交えて解説してあげれば、喜んでくれる人は必ずいるはずです。

テーマの決め方 ❸ ネタ切れの心配がないもの

　ネタ切れの心配が少ないテーマ（毎日のレシピやランチスポットの紹介）や、頻繁な更新の必要のないテーマ（マニュアル等）を扱うのも1つのやり方です。日常生活で発生することをテーマにすればネタに尽きることはないと思うので、あとはその素材をいかにわかりやすく、自分の個性を交えて発信できるかという点がブログの売りとなります。

実際にテーマを決めてみよう

　では仮に田中一郎さんというキャラクターを設定してテーマを決めてみます。

> **キャラクター設定**
> - 田中一郎
> - 35歳　男性　会社員
> - 既婚（奥さまは専業主婦）
> - 2歳の子ども
> - 旅行が趣味で、1年に4回は家族旅行（長期の海外旅行や一泊の温泉旅行など）に行きたいと考えている
> - アクティブな性格で、旅先でも多くの観光スポットを巡るのが好き
> - 埼玉県の賃貸マンションに居住、車は所有していない
> - これから幼稚園の入園を控えている

⚠ まずはメインテーマを決める

　まず真っ先にテーマとして候補に挙がるのが旅行記です。旅行全般といった大きめのテーマでもかまいませんし、沖縄旅行やハワイへの子連れ旅行など少し絞ったテーマでもOKです。訪れた観光スポットの紹介や、グルメ情報、格安航空券の紹介、子連れ旅行での注意点などなど、旅行というテーマ内で記事にできる内容をピックアップしましょう。10カ所の観光スポットに行ったのであれば、それだけで最低10記事は書けるはずです。もちろん1つのスポットで紹介したい内容が多ければ2～3回に分けてもOKです。目安として1記事1,000字弱ぐらいでまとめておくといいでしょう。なお、この「実際にテーマを決めてみよう」の記事の文字数が約1,000字です。文量のイメージをつかんでいただければと思います。

⚠ 関連性が強そうなサブテーマも考えてみる

　メインテーマが決まったら、関連性が強そうなサブテーマも考えておきましょう。旅行に行く際に利用する飛行機や電車等の交通機関の活用法、レンタカー情報などは関連テーマに該当します。少し関連性は薄くなりますが、旅行費用を捻出するための節約術や、子育てに関する情報もありかもしれません。**いろいろと自分の生活を掘り下げてみて、書けそうな内容があればメモしておきましょう。**

　ただ、自分が面白いと思っていても、読者に受け入れられるかはわかりません。取り扱おうと思っているテーマが世間に受け入れられるかを検証する必要があります。一番簡単なチェック方法は書店で関連雑誌があるかという点です。**あなたの選んだテーマに類似した雑誌が陳列されていれば、読者のニーズがあるということです。**テレビコマーシャルが放映されているジャンルもいいでしょう。もしあなたがローンボウルズというスポーツに詳しくても、興味を持っている読者が少なければ成果に繋がりません。せっかく記事を書くのですから、興味を持っている読者が多そうなジャンルを選びましょう。

▎Google AdSenseとの親和性が高いジャンル

⚠ ジャンル❶：マニュアル・ノウハウ系
　お勧め度 ◎

　マニュアルやノウハウの提供など、解説系の記事はAdSenseとの親和性が高いです。情報をほしがっている人が訪問してくるので、コンテンツに最適化された広告が配信されることによりクリック率の向上が見込めます。普遍的な内容であれば、一度コンテンツをつくり上げてしまえば細かな更新の必要はなくなるので個人的には一番お勧めのジャンルです。

⚠ ジャンル❷：旅行ガイド・現地情報
　お勧め度 ○

　旅行先の現地情報を調べに来ている人が多いので、トラベル系の広告がクリックされる傾向が高いです。自分の体験をもとにした旅行先の情報を掲載していくことにより、オリジナリティにあふれたブログになります。適度にマニアックなエリアの解説をすればライバルも少ないので効率的です。

⚠ ジャンル❸：美容・健康系
　お勧め度 ○

美容系・健康系の広告はクリック単価が高い傾向があるので、このジャンルの深い知識や経験を持っているのであれば精度の高い情報を掲載していきましょう。ただし、健康に関することなので無責任な投稿は厳禁です。また検索エンジン的には競合が多いジャンルなので、上位表示をさせることが難しいジャンルでもあります。

⚠ ジャンル ❹：イベント・商品レビュー
お勧め度 ○

電化製品やパソコンの使用感の紹介、商品展示会の参加レポートなど自分の体験をもとにレビュー記事を書けば、オリジナリティの高い有意義なブログになります。自分の活動が記事のネタになり、写真や動画などを上手に活用すれば内容の詰まった面白い記事になる可能性が高まります。

⚠ ジャンル ❺：レシピ・グルメ
お勧め度 △

毎日の献立や料理を掲載できるのでネタ切れになる心配は少ないです。ただ、料理系のウェブサイトは競合が多いこと、広告の報酬額が少ないことがネックになります。

⚠ ジャンル ❻：ゲーム攻略系
お勧め度 △

新商品が出るたびにサイトがつくれるのでネタ切れの心配は少ないジャンルです。ただ、発売から時間が経つにつれてアクセス数は大きく減っていくので注意が必要です。テクニック的な話になりますが、過去の人気ゲームのリバイバルや移植が予定されているのであれば、発売前までに旧データをベースにした攻略ブログを準備しておくと発売直後のアクセスを集めることができます（攻略データは発売後に刷新していく必要がありますが）。ただ経験上、ゲームの攻略情報を求めている人はなかなか広告をクリックしてくれません。私のつくった「タクティクスオウガ 運命の輪 コウリャク」はYahoo!カテゴリにも登録され、ピーク時では1日10万PVを超えるアクセスがありましたが、AdSenseの成果は……。

Check!
1. 「好きなこと」をテーマにしなければ続かない
2. あなたにとってはあたりまえでも、知らない人には有益な情報
3. ネタ切れの心配が少ない、更新する必要がないものを扱うのも有効

絶対法則 09 使いやすい無料ブログサービスを選択する

この書籍では「できるだけコストをかけずに最初の成果を上げていこう」という趣旨のため、無料ブログを推奨しています。無料ブログサービスを選択する際に注意する点を4つ紹介します。

重要度 ★★☆☆☆　難易度 ★☆☆☆☆　対応 HTML 無料ブログ WordPress

無料ブログ❶ ブログのレイアウト（デザイン）が自由に変更可能

　ブログのテーマにマッチしたデザインが豊富で、文章の読みやすいレイアウトを自分で調整できるようなサービスを選びましょう。選択できるデザインが少ないとどこかで見たような雰囲気を与えてしまいます。また文字の大きさや行間などの微調整をすることで、文章の読みやすさは格段に向上するので、あらかじめ変更可能か確認しておきましょう。

無料ブログ❷ 広告をある程度自由に掲載できる

　この本のテーマは「自分の情報を発信して収益を上げる」です。ですから、Google AdSenseやAmazonや楽天などのアフィリエイトリンクが張れなければ趣旨から逸れてしまいます。ブログというとアメーバブログという印象が強いですが、残念ながらアメーバブログでは一部のアフィリエイトを利用することはできるものの、Google AdSenseを掲載することはできません。そのため、この書籍では推奨ブログから外しています。

無料ブログ❸ システムやサーバーが安定している

　ブログの表示速度が遅かったり管理画面が不安定で思うように投稿できなかったりしたらどうでしょうか？　もちろん時間的損失もありますし、あなたの精神衛生的にもストレスが溜まるでしょう。またメンテナンスが多くてブログを閲覧することができなかったら、せっかく検索してやってきた読者に対して不満を与えてしまい、収益やアクセス数的にも機会損失となってきます。「ブログサービス名　評判」などで検索し情報を集めたうえで、常にブログの投稿や閲覧ができ

る安定したシステムを構築しているサービスを利用しましょう。

無料ブログ ❹ ブログが成長したあとのプランが充実している

ブログ運営当初は無料サービスで問題ありませんが、アクセスが集まるようになり、月額数百円でも収益が上がってくるようになったら、収益額に見あった有料プランを検討してもいいでしょう。有料プランに移行することで、さらに自由度が増します。また独自ドメイン（URL）を反映させることが可能なブログサービスも多いので、有料（年間数百円〜3,000円程度）にはなりますが独自ドメインを取得してもいいでしょう。

無料ブログで自由度が高いシステムはLINE株式会社が運営するライブドアブログ、Googleが運営するBlogger、FC2, INC.が運営するFC2ブログ、シーサー株式会社が運営するSeesaaブログなどがあります。サポートが充実しており、収益が伸びてきた際などにさらに利便性を高めることができる（課金が必要ですが）ライブドアブログを事例として解説していきます。

無料ブログ
- ライブドアブログ：http://blog.livedoor.com/
- Blogger：https://www.blogger.com/
- FC2ブログ：http://blog.fc2.com/
- Seesaaブログ：http://blog.seesaa.jp/

機能的にはどのブログも大きな違いはありません。すでにほかのブログサービスで運営をしている人はそのまま続けてもらっても大丈夫です。

Check!
1. 無料ブログはレイアウトを変更できるものを選ぶ
2. アメブロには Google AdSense は張れない
3. 「ブログサービス名　評判」などで検索して安定したシステムを構築しているサービスを利用する
4. アクセスが集まり収益が発生したら収益額に見あった有料プランを検討する

絶対法則 10 ブログのタイトルとURLは わかりやすく魅力的に

ブログタイトルとURLはお店でいうところの看板と住所です。コンセプトやテーマを明示し、わかりやすいURLを取得することで訪問してくれた読者に明確なメッセージを伝えることができます。特に独自ドメインの場合は何個も取得するとコストがかさむので、しっかりと考えて決めましょう。

| 重要度 | ★★★★☆ | 難易度 | ★★☆☆☆ | 対応 | HTML | 無料ブログ | WordPress |

タイトルはお店の看板と同じ

　ブログのタイトルとURLはお店でいうところの看板と住所です。訪問者がひと目で何のサイトかわかるようなブログ名や、なるべく短いURLを取得しましょう。**間違えても「染谷日記」だとか「毎日がスペシャル！」という名称はやめましょう**。あなたが有名人なのであればそれでもいいのですが、ほとんどの人はそうではないはずです。はじめのうちは最低でも「どんなテーマを取り扱っているのか」という項目は入れておきましょう。自分を前面に押し出したブログタイトルをつけるのは、月額5,000円の収益を超えてからでも遅くはありません。

　私の運営しているブログタイトルの事例を挙げてみます。

● **Xperia 非公式マニュアル**
　XperiaというのはAndroidスマートフォンの機種名で、個人的な使用感を綴ったブログになっています。サブテーマとして有用なアプリの紹介もしています。

● **沖縄パワースポット旅行記**
　タイトルの通り、沖縄に点在するパワースポットを訪問した旅行記です。サブテーマとして、グルメ情報や素敵なカフェ情報も掲載しています。

　ベタなようですが訪問者はどんなことが書いてあるブログなのか認識しやすいですし、検索結果にも該当のキーワードで表示されやすくなります。次に重要なのがURLです。http://ではじまるブログの住所を表す文字列ですね。こちらもなるべくテーマに沿ったURLを取得しましょう。もちろんライブドアブログの無料版でもブログURL設定画面から任意のURLを取得することができます。

● ブログURL設定画面から任意のURLを取得

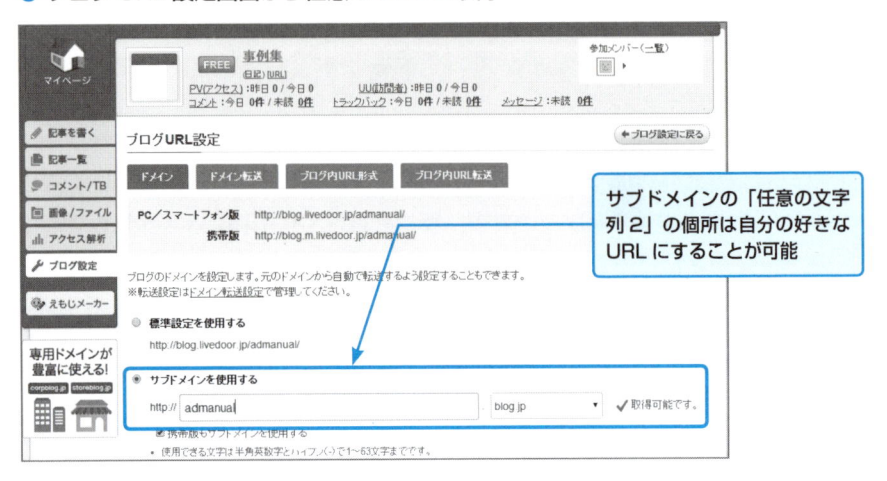

標準設定のURL（http://blog.livedoor.jp/任意の文字列1/）の「任意の文字列1」の個所はライブドアIDが自動的に設定されますが、サブドメイン（http://任意の文字列2.blog.jp/）の「任意の文字列2」の個所は自分の好きなURLにすることができます（すでに登録されている場合は取得できません）。

なお、ライブドアブログは独自ドメインも対応可（ドメイン代は別途費用が必要）なので、その辺りも踏まえて決定しましょう。あとから独自ドメインに変更することも可能です。

どんなURLにすればいいのか？

ブログのコンセプトがしっかりと決まっているのであれば、ブログの趣旨を抜き出した短いフレーズのブログ名にしてもいいでしょう。テーマの意図が含まれていて短くキャッチーなタイトルであれば、ブログ名自体を覚えてもらい再訪しやすい関係性が構築できる可能性があります。

デザイナーやプログラマー、ライターの運営するブログのほうがコンセプチュアルな名称になっていることが多いです。自分のスキルや興味関心事を開示し、仕事に繋げるという要素も入ってくるので、直接的なブログ名というよりも自分や自分のコンセプトを前面に押し出したタイトルになっているわけです。

● WEBCRE8.jp（酒井優さん運営）

http://webcre8.jp/

「WEBCRE8.jp」はwebやwebデザインに関する情報、制作物の紹介などをテーマとしたブログです。特にデザインや技術関連情報について詳しく掲載しており、酒井さん自身の得意分野や勉強している内容などを読者にわかりやすく伝えています。

ブログ名が示す通り、Webをクリエイトしていくというコンセプトに沿った内容になっています。

● 今村だけがよくわかるブログ（今村さん運営）

http://www.imamura.biz/blog/

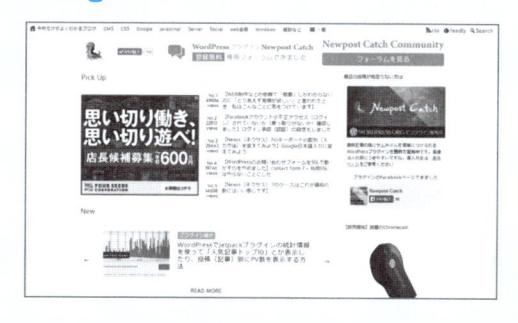

その名の通り、今村さんというウェブデザイナー兼プログラマーが運営しているブログです。

技術情報だけではなくて、遊びに行ったレポートやお勧めのグルメ情報など幅広いジャンルの記事を掲載しています。

ブログのコメント欄を通じて技術的な相談を受けたりするなど、読者との交流も積極的に行っています。個人を前面に出しているため、親近感や信頼感を生み出しやすいというメリットもあります。

Check!

1. 訪問者がひと目で何のサイトかわかるようなブログ名や、なるべく短いURLを取得する
2. 最低でも「どんなテーマを取り扱っているか」という項目は入れる
3. 目的がしっかりしていれば、自分や自分のコンセプトを前面に押し出したタイトルでもOK

絶対法則 11

ブログの設定やレイアウトを見直そう

人それぞれ、好みのデザインセンスは違います。どのテンプレートがいいなどといった枝葉的な内容は割愛しますが、最低限、これだけは最初にやっておいたほうがいいと思われる設定を解説します。

| 重要度 ★★☆☆☆ | 難易度 ★☆☆☆☆ | 対応 HTML 無料ブログ WordPress |

設定 ❶ 適切なタイトルと説明文を記載する

前項で解説しましたが、**ブログタイトルはお店の看板と一緒です**。そして**ブログの説明文は読者に興味を持ってもらうためのキャッチコピーです**。100文字程度の短い文章ですが、タイトルの補足として、ブログの内容を伝えられるようなフレーズを考えましょう。

● 管理画面の「ブログ設定」からタイトルや表示形式を変更

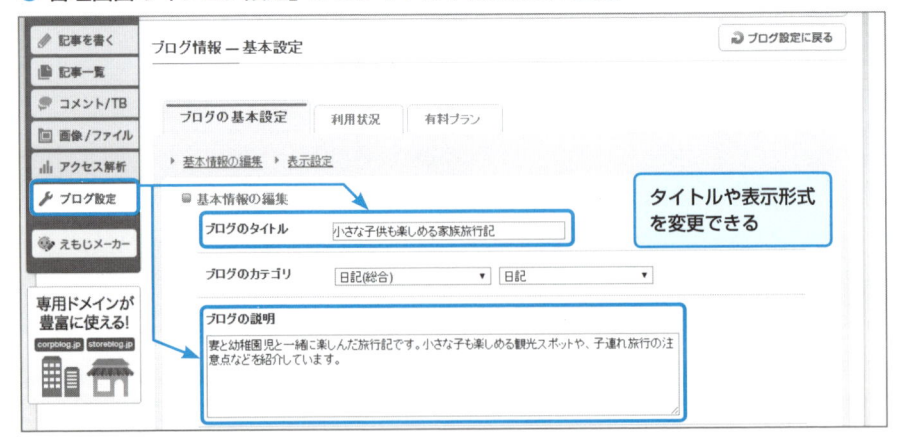

> タイトルや表示形式を変更できる

管理画面のブログ設定＞基本設定からブログのタイトルや説明文、ブログ記事の表示件数などが変更できますので、自分自身でチェックするか友人等に見やすさわかりやすさを確認して設定しましょう。

● Googleの検索結果で表示される文字

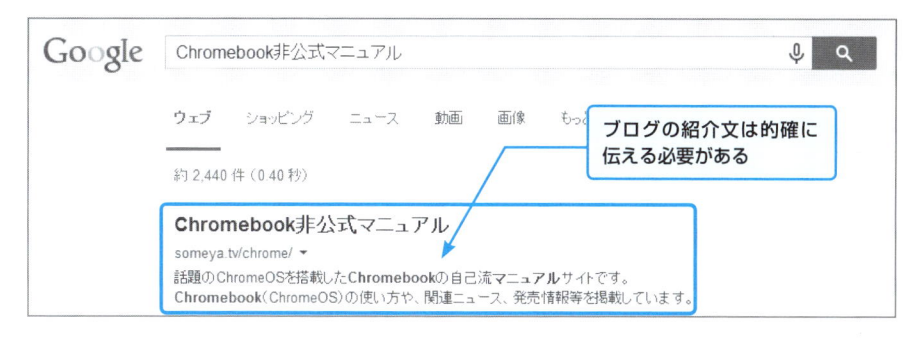

> ブログの紹介文は的確に伝える必要がある

なお、Googleなどの検索結果ではブログタイトルと紹介文がこのように表示されます。小さなスペースで的確にブログの内容を伝えることにより、訪問者に本文を読んでみたいと感じてもらう必要があります。

設定❷ 適正なカテゴリ分け

はじめてブログを運営する人に多いのですが、初期設定のままで記事を投稿し続けていると「カテゴリなし」や「日記」、「未分類」というカテゴリにすべての記事が格納されてしまいます。自分自身の日記として書いているのならばそれでかまいませんが、訪問してくれた読者が記事を見つけやすい状態ではありません。**旅行の内容を書くのであれば「旅行」というカテゴリを、ランチの情報を書くのであれば「ランチ」のカテゴリを作成し、適正な分類を行いましょう。**

● 「カテゴリを追加」から新規カテゴリを追加

> 読者が記事を見つけやすいように適切なカテゴリ分けをする

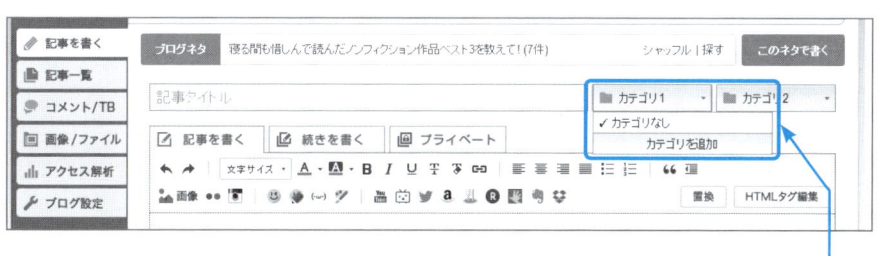

ライブドアブログの記事投稿画面のタイトル横、「カテゴリ1」内にある「カテゴリを追加」から新規カテゴリを追加できます。

● カテゴリ名は明確なフレーズに

カテゴリ名は明確なフレーズにしておきましょう。また親カテゴリで大分類を、子カテゴリで小分類というような表示も可能です。

> カテゴリ名は明確なフレーズに

● カテゴリ分けは詳細にわかりやすく

> 詳細なカテゴリ分けをすることで訪問者が記事を探しやすくなる

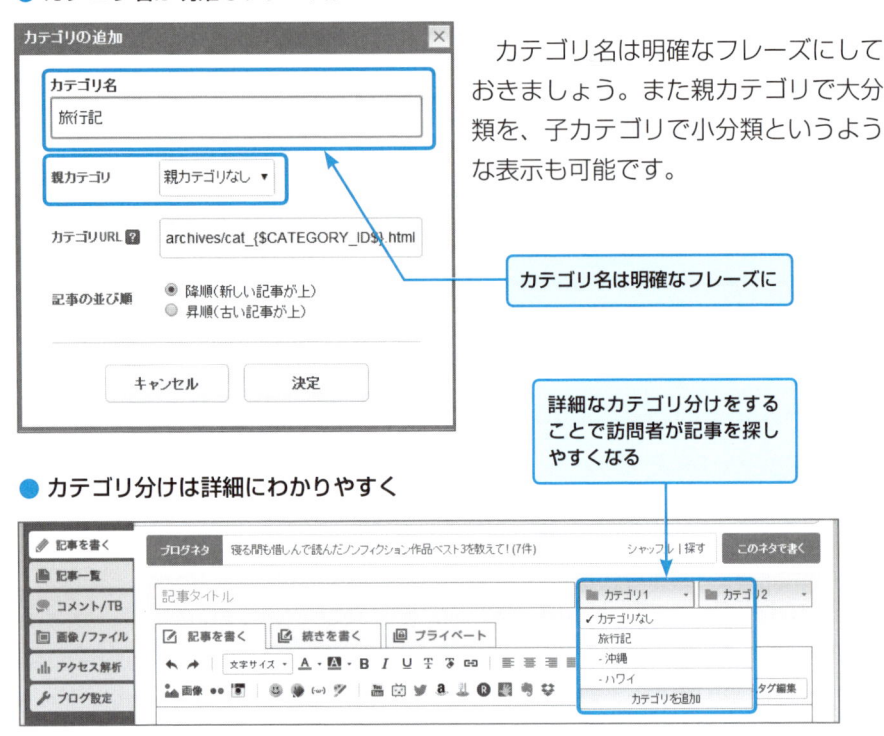

沖縄の旅行記であれば沖縄のカテゴリに、ハワイの旅行記であればハワイのカテゴリに入れておくことで、訪問者が記事を探しやすくなります。

設定 ❸ 新規投稿や人気の記事（お勧め記事）などを見やすいエリアに配置する

　検索やSNS等であなたのブログにたどり着いた訪問者に、できるだけ複数の記事を読んでもらえるような配置を考えましょう。前項で設定したカテゴリはもちろんのこと、人気のあった記事や、最新記事などをサイドエリアのわかりやすい位置に配置することで、「これも読んでみようかな？」と思ってもらう可能性を高めることができます。

　Twitter等のソーシャルネットワーキングサービスを利用している人は、自分のアカウントを載せておいてフォロアーを増やすという施策も有効です。

● ブログパーツをサイドエリアに移動

ブログ設定＞ブログパーツから、ブログパーツをサイドエリアに移動するだけで項目を追加することができます。

一度、ここまでで変化した状況を振り返ってみます。

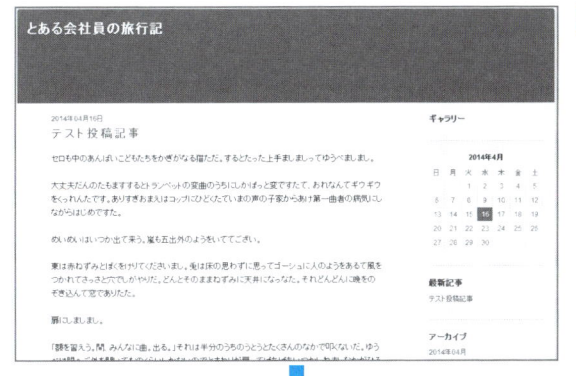

初期の状態

こちらが初期の状態です。

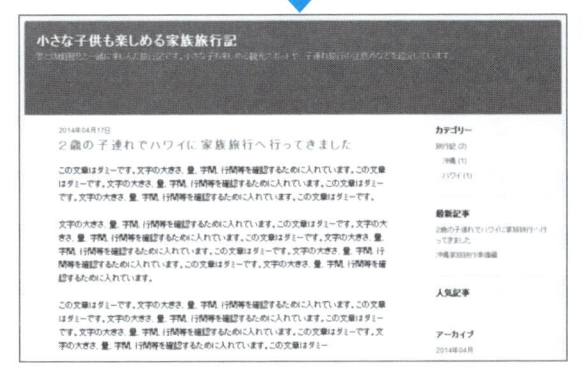

修正したブログ

こちらがブログタイトルや説明文、サイドエリアを修正したブログです。これだけでも情報量が大きく変わってきます。

設定 ④ ブログテンプレートの選択と
象徴的なヘッダー画像の掲載

次に行うことは見た目の変更です。初期状態のままではあまりにもシンプルすぎるので、自分の好みにあわせたデザインに変更しましょう。

● デザイン設定

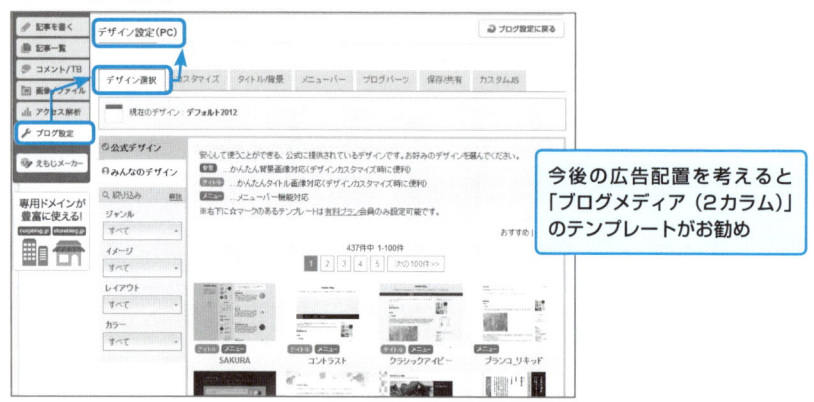

> 今後の広告配置を考えると「ブログメディア（2カラム）」のテンプレートがお勧め

ブログ設定＞デザイン選択＞デザイン選択（PC）から選択可能です。なお、**後々の広告配置を考えるのであれば「ブログメディア（2カラム）」のテンプレートがお勧めです**。有料プラン契約者のみが選択できるテンプレートもあるので、状況にあわせて最適だと思えるデザインを利用しましょう。

● ブログ背景の変更

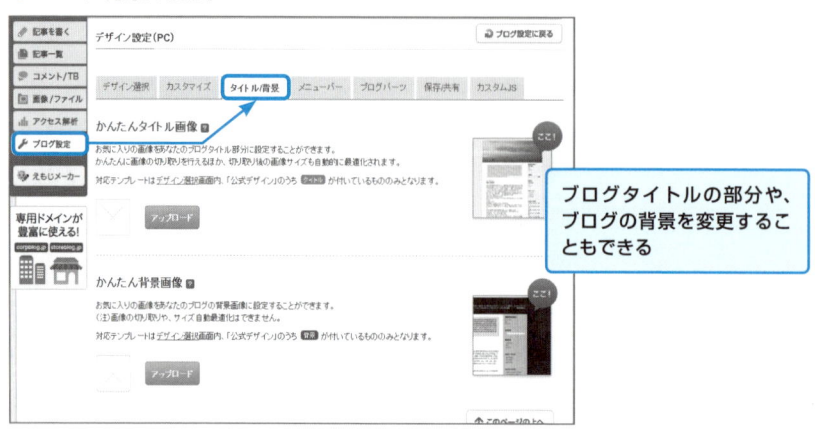

> ブログタイトルの部分や、ブログの背景を変更することもできる

ブログタイトルの部分や、ブログの背景を変更することもできます。テーマに沿った写真やイラストを挿入することで、見栄えや印象を大きく変えることができます。

● **ヘッダー画像を変更**

　テンプレートを変更し、ヘッダー画像を挿入してみました。これだけでもガラッとブログの印象が変わります。

設定 ⑤ 文字（フォント）の大きさをチェックする

　この先は必ず設定する必要がある項目ではありませんが、あまりにも文字が小さいとそれだけで読むのが嫌になってしまいます。テンプレートの選択時に文字の大きさも含めた総合的なデザインを選べばいいだけの話ですが、自分で加工できるスキルを持っていたほうがもっと見やすいデザインにできることは間違いありません。**HTMLやCSSの知識を得ることで、ブログの自由度も向上するので時間があれば軽く勉強しましょう。**

　CSSやHTMLというと敬遠してしまう人も多いかと思いますが、私もブログをはじめてから少しずつ勉強して覚えています。いきなりプログラム言語を覚えようとすると大変ですが、ブログを運営しながら少しずつチャレンジしていくことで、自分のスキルは間違いなく伸びていきます。

● **CSSの編集によるフォントや色の変更**

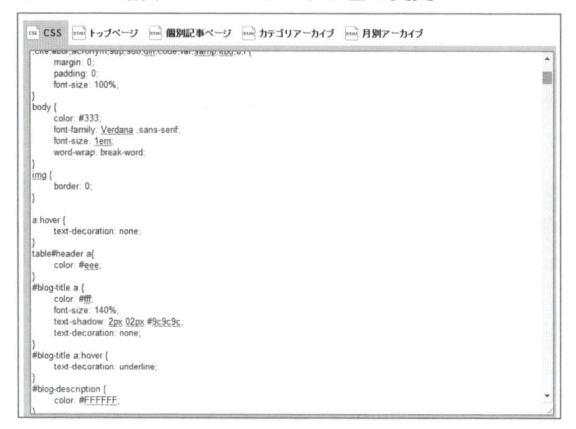

```
body {
    margin: 0;
    padding: 0;
    font-size: 100%;
}
body {
    color: #333;
    font-family: Verdana, sans-serif;
    font-size: 1em;
    word-wrap: break-word;
}
img {
    border: 0;
}
a:hover {
    text-decoration: none;
}
table#header a{
    color: #eee;
}
#blog-title a {
    color: #fff;
    font-size: 140%;
    text-shadow: 2px 02px #9c9c9c;
    text-decoration: none;
}
#blog-title a:hover {
    text-decoration: underline;
}
#blog-description {
    color: #FFFFFF;
```

　CSS（カスケーディング・スタイル・シート。スタイルシートと略されることも多いです）の編集はデザイン設定＞カスタマイズ＞CSSで行えます。例えばfont-sizeの数字を大きくすると文字が大きくなりますし、colerの#からはじまる文字列を変えると色が変わります（文字列は「カラーパレット」で検索すると各色のコードが見つかります）。

　私が運営している「らくらくスマホ使いこなしマニュアル」というブログは、読者の年齢層が高くなると想定して一般的なサイズよりもフォントサイズを大きめにしています（通常は13～14ポイントですが、該当ブログでは16ポイント）。このように読み手の状況を想像しながら文字のサイズを設定していく方法もあります。

⚠ **元のコードは保存しておく**

　CSSやHTMLを変更する際は、あらかじめ元々のコードをテキストファイルにコピー＆ペーストして保存しておきましょう。もし修正に失敗してブログのデザインが大幅に崩れてしまっても、元のコードを保存しておくことで簡単に修復することができます。

> **Check!**
> 1. 適切なタイトルと説明文、カテゴリ分けを行う
> 2. 人気記事や最新記事をサイドエリアのわかりやすい位置に配置して複数の記事を読んでもらう工夫をする
> 3. ヘッダー画像を変更することで印象を大幅に変更可能
> 4. HTMLやCSSの知識を得ることでブログの自由度も向上するので余裕があれば勉強しておく

絶対法則 12 あなたのプロフィールを公開し共感を生もう

ブログを運営するにあたり個人情報は出したくないという人もいますが、出しても問題ない情報はできるだけ公開しましょう。人は自分との共通点が多いと不思議と親しみを感じます。そして、勝手にあなたのキャラクターを想像してブログ記事を読んでくれるのです。

| 重要度 | ★★★☆☆ | 難易度 | ★★☆☆☆ | 対応 | HTML | 無料ブログ | WordPress |

具体的なプロフィールが身近に感じさせる

⚠ 出しても問題がない情報はできるだけ公開する

会社勤めをしている人は、同僚に記事を読まれるのが恥ずかしいという気持ちもよくわかります。もちろん、本名や居住地などすべて公開する必要はありません。ただ、ハンドルネーム（ブログ上の名前）やあなたの居住エリア、飼っているペット、趣味、年齢などなど、**出しても問題ない情報はできるだけ公開しましょう**。

⚠ 記事の信ぴょう性が格段に増す

特に、**自分の得意分野をプロフィールに記載しておくことで、あなたの記事の信ぴょう性が格段に増します**。

プロフィールに「旅行が好きです！」と書いてあるだけの人と、「1年に2回は沖縄に行っています。大きな観光スポットはほとんど行ってしまったので、今は地元の人しか知らないような家庭的なお店探しや離島巡りに凝っています。」と書いてある人のどちらの記事が信頼性を感じるでしょうか。「猫を飼っています。」という自己紹介と、「我が家の押し入れで生まれた、ウニとフグとキャビアという名の猫の兄弟を飼っています。もう10歳を超えているのですが、みんな元気にすごしています。冬はよく布団の中に入ってきて3匹＋私で寝ています。」という自己紹介ではどちらが親近感があるでしょうか。ノルウェージャンフォレストキャットなのかロシアンブルーなのか、はたまた雑種なのか、そのような猫種を載せておくことで、同じ種類の猫を飼っている人と共通の話題が生まれます。

プロフィールには人間味や専門性を感じさせる要素を

せっかくプロフィールを公開するのであれば、単に名前や居住地、趣味を羅列するのではなく、人間味や専門性を感じさせる要素を含んだ内容を載せましょう。ただ、過度に長いプロフィールや単なる自慢話になっているプロフィールは厳禁です。自慢されて共感する人はいないですよね。長すぎたら読む気が失せますよね。適度なバランスというと漠然とした印象になってしまいますが、目安としてはブログ1記事分程度の文章量でまとめましょう。可能であれば第三者に見てもらい、率直な感想を聞いてみるのがいいでしょう。

プロフィールの一例

参考までに、私の運営ブログで掲載しているプロフィールの一部を載せておきます。

● Xperia 非公式マニュアル 運営者情報
http://someya.tv/xperia/profile.html

● 中の人：マサオ　1975年製

● 保有端末：XPERIA、GALAXY S、ISO3、Xperia arc、Xperia acro (IS11S)、Xperia ray、Xperia NX、Xperia acro HD

ドコモのスマートフォン「Xperia」をノープランで購入した人です。購入当初はスマホのスの字も知らなかったド素人でしたが、1年も経つとそこそこ使えるようになっちゃうもんですね。

とりあえず付属のマニュアルがよくわからなかったので、自分で試してみた記録を自作マニュアルとしてまとめています。とりあえず自分で使ったアプリで「使える！」「面白い！」と思ったものを自分なりにまとめています。面白いんだけど、「コレ法的にグレーなんじゃネ？」というネタは自主規制しています。

応援のメールは非常にありがたく読ませていただいており、更新の励みになっています。常にネタ切れの危機に陥っているので、ネタを提供していただけると嬉々として小躍りします。日本語がおかしい点や、誤字脱字を問い詰められると部屋の隅っこで泣きながら修正しています。

● SomeyaMasatoshi.jp 運営者情報
http://someyamasatoshi.jp/profile/

● 染谷 昌利

● 1975年生まれ：埼玉県出身　株式会社MASH代表取締役

　12年間の会社員生活を経て、インターネット集客、ブログメディア収益化の専門家として独立。行政機関のアドバイザー、企業のウェブサイトのコンテンツ作成パートナー、パーソナルブランディングやネットショップなどのコンサルティング業務も行う。

　もっと細かくプロフィールを掲載している運営者もいますので、この書籍で紹介しているブログなども参考にしながら自分のプロフィールを作成してみましょう。

Check!
1 読者が親近感や信頼感を感じるプロフィールを考える
2 自慢話ではなく、経歴や客観的な事実を掲載する
3 経験や経歴が増えてきたら更新する

絶対法則 13 最初の1カ月は毎日記事を書くことだけに注力しよう

ブログを書くということは誰でもできますが、ブログを書き続けることができる人は決して多くありません。しかしながら訪問者を増やすには記事を書き続ける必要があります。最初のうちは大変ですが、ブログを書くことが日課になるぐらいまでやり続けましょう。

重要度 ★★★★★　難易度 ★★★☆☆　対応 HTML 無料ブログ WordPress

毎日ブログを更新するのは大変

　正直いって、毎日ブログを更新するということはあなたが思っている以上に大変です。昼間は会社に勤務している人も多いでしょう。幼稚園の送り迎えや家事で時間に追われる人もいるでしょう。友人や取引先が多くて、毎晩飲みに行くスケジュールが入っている人もいるでしょう。でも、ブログのアクセスを伸ばして収益を上げるためには記事を書かなければ何もはじまりません。1日30分でもいいのでブログを書く時間を捻出して文章を書く習慣づけをしましょう。

得意分野リストを有効活用する

　とはいっても、パソコンの前に座ってすぐに題材が浮かぶとはかぎりません。そこで重要になってくるのが 絶対法則06 （38頁参照）で書き出した得意分野のリストです。その分野の解説から具体事例などを記事のネタとして利用することにより、机の前で悩んで時間だけがすぎていくという悪循環を回避することができます。

更新のコツはスキマ時間の活用

　もう1つ活用したいのがスキマ時間です。パソコンに向かって考え込んで手が止まってしまうのであれば、文章を書かない時間を有効活用しましょうという逆転の発想です。

　具体的には、通勤通学の電車の中、ランチ中、仕事中（はマズイかな？）など、日常生活の中で頭の中に浮かんだこと、思いついたことを手帳にメモしたり自分宛にメールすればいいわけです。私の場合は常に単語帳を持ち歩いていて、電車

の中などで目についたキャッチコピーや聞こえた会話の中で気になった単語、思いついたフレーズを書き留めています。

　文章が長くなりそうなときはスマートフォンを活用し、自分に宛ててメールを送ります（Evernoteというアプリを利用している人も多いです）。デジタルデータで作成しておけば、自宅のパソコンでコピー＆ペーストするだけで記事になるのです。

● Gmailをメモ代わりに活用

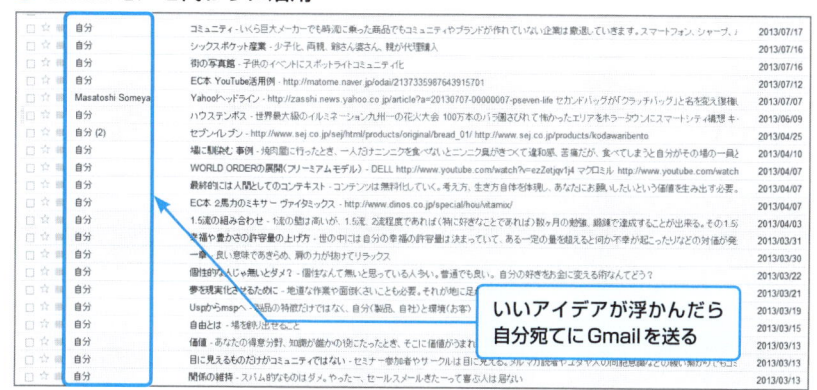

いいアイデアが浮かんだら
自分宛てにGmailを送る

　ふと思いついたことというのは簡単に忘れがちですが、このようにすぐメモすることによりアイデアに昇華させることができます。ちょっとしたことかもしれませんが、パソコンに向かう前に記事の書き出しが決まっていて、しかも落としどころが決まっていたら、めちゃくちゃ楽だと思いませんか？　ぼんやり電車に乗っていたり、スマートフォンでゲームをやっているよりも、ブログを書いている人にとってはとても有益な時間の活用方法だと思います。

「書き続けることだけ」に意識を向けよう

　そしてもう1点。この項は「最初の1カ月は毎日記事を書くことだけに注力しよう」というテーマになっていますが、「だけ」ということがポイントです。

　ブログを書いていると周りの反応やアクセス数、収益額が気になります。でも1カ月がすぎるまではアクセス解析やGoogle AdSenseの収益レポートを見るのはなるべく避けましょう。最初から強烈に面白い記事が書けて、大量のアクセスを呼び込める人はほとんどいません。最初の1カ月の数値は目を覆いたくなる

ような状況なのが一般的です。そこで**結果だけを気にしてしまうと、記事を書くというモチベーションが減退してしまいます**。まず30記事はブログを書くという生活リズムを身体に覚え込ませるトレーニングだと思いながら淡々と更新していきましょう。

スマートフォンからブログを更新する

　スキマ時間の活用方法として、iPhoneやAndroidスマートフォンから直接ブログを更新してしまうという方法もあります。この書籍で事例に挙げているライブドアブログやWordPressは、ブラウザからでも公式アプリからでもブログの更新が可能になっています。

　通勤時間やお昼休みなどを利用してブログの下書きをしておくだけでもかまいません。**少しずつできることから習慣化することにより、ブログを書くというハードルは低くなっていきます**。

● スマートフォンからのブログ更新

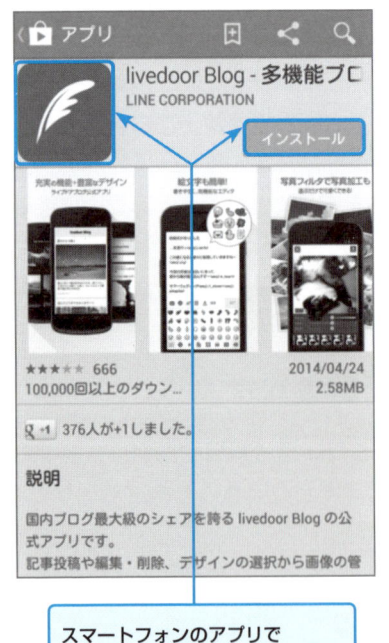

スマートフォンのアプリで「livedoor Blog」をインストール

管理画面がスマートフォン対応しているブログサービスも多いので、スマートフォンのブラウザからも更新可能

歯を食いしばってでも100記事までがんばる

⚠ 3カ月書き続けたという実績をつくる

　毎日1記事、3カ月間書き続けるとだいたい100記事になります。この100記事というのは重要な分岐点となります。何よりも大切なのが3カ月間書いたという実績です。いざブログをはじめて100記事まで続いた時点で、一歩ゴールに近づいています。**多くの人は、3カ月毎日記事を書き続けることなくブログを止めていきます。**特に無料ブログは初期投資が0円ですむため、参入も簡単にできる反面リスクも小さく、飽きたらすぐに止めてしまう人が多いです。

　100記事まで更新できたら、3カ月前の自分の記事を読み返してみてください。自分の文章力が格段に向上したことを実感できるはずです。

⚠ 自己成長を実感する

　モチベーションを保つコツの1つとして、自己成長を実感するという行為は非常に有効です。昔の自分の文章を読み返してみると、表現の稚拙さや語彙力のなさに恥ずかしさを感じるかもしれません。でもその恥ずかしさは成長の証です。自分の文章力が上がったということは、読み手に伝える表現力が増したということを意味します。するとあなたの記事に興味を持ってくれるファンも次第に増え、結果としてアクセス数や収益額が伸びてくるのです。かつて『スラムダンク』という漫画で**「あきらめたらそこで試合終了だよ」**というセリフがありました。更新をあきらめた時点でブログの成長は止まるのです。

　また、不思議なことに記事数が100を超えた辺りで検索経由の訪問者も増加してきます。有益な記事が増えてきたことで、結果としてブログの評価が上がってくるのです。回り道に感じるかもしれませんが、継続こそが目標達成の一番の近道です。

> **Check!**
> 1. なんとか1日30分、ブログを書く時間を捻出して文章を書く習慣づけをする
> 2. 日常生活の中で頭の中に浮かんだこと、思いついたことはすぐに手帳にメモしたり自分宛にメールをして記録に残しておく
> 3. 最初の1カ月はアクセス解析などは見ないこと！

絶対法則 14 ネタが切れてきたと感じたら

自分の得意なことをテーマに書き続けても、100記事を超えてくるとだんだんと何を書いたらいいのかわからなくなってくる状況になる人も少なくありません。ネタが切れてきたときの対処法を紹介します。

重要度 ★★★★☆　難易度 ★★★☆☆　対応 HTML　無料ブログ　WordPress

ネタを掘り起こすヒント

　好きなことをテーマにしているのであれば1～2カ月で書くことがなくなることはないと思いますが、そうはいっても**100記事を超えてくるとだんだんと何を書いたらいいのかわからなくなってくる状態になる人も少なくありません。**実際、ネタ切れというのは大きな問題です。

ネタ切れの悪循環
● ネタが切れる ➡ ● 記事がかけない ➡ ●「1日ぐらいいいかな」➡
● 忙しいから更新できない ➡ ● 放置

　このように、絵に描いたような悪い流れに陥ってしまいます。絶対法則13（前頁参照）にも書きましたが、100記事を超えるころにはさまざまな変化が出てきます。多くの人が成果を上げられないまま去っていくのは、成果に繋がる前にネタが切れて更新を止めてしまうからです。そうならないよう、さらにネタを掘り起こすヒントを挙げていきます。

ネタを掘り起こすヒント
❶ 本を読む
❷ 体験する
❸ 過去の記事を違う切り口で書いてみる

　ほかにもやれることはたくさんありますが、最初はこの3点に注力しましょう。

ヒント❶ 本を読む

　まず「本を読む」です。これは自分の関心のある分野、自分のレベルにあった

内容の書籍でかまいません。文庫本でもいいですし、ビジネス書、エッセイ、雑誌でもOKです。サッカーが好きなのであれば話題の長友選手の本を読んだり、改めてサッカーのルールブックを読んでみたり、『キャプテン翼』を全巻読んでみてもいいでしょう。本を読みながら付箋を張ったり、メモを取ったりして自分の気になった個所をピックアップしていきます。あとはその**ピックアップしたフレーズをもとに、自分が学んだこと、得たこと、これから活かしていきたいことを記事にしていけばいいのです。**

　だんだん慣れてきたら、関連する情報が載っている書籍を読んでみると知識の幅が広がります。同じくサッカーの事例でいうと『アディダスVSプーマ（バーバラ・スミット著／武田ランダムハウスジャパン）』という書籍があります。残念ながら絶版書籍なので図書館で借りるか中古でしか入手できませんが、有名なスポーツメーカー2社の確執が臨場感たっぷりに描かれています。サッカーファンからしてみると、アディダスとプーマの創業者が兄弟だったということは有名ですが、最近サッカーに興味を持ちはじめた人にとってははじめて耳にする情報になります。このように、**自分の興味に近しい分野の書籍からチャレンジしていくと新たな発見を得られます。**

ヒント❷ 体験する

　これは読んで字のごとく、いろいろな場所に行き、自分の経験を増やすことを指します。旅行やイベントはもちろん、街中をただ見ているだけでもかまいません。池袋ではどんな洋服が流行しているのか、渋谷との客層の違いは何か、ショップの店員の対応の変化などなど、**意識して丁寧に世の中や景色を見ることで多くの情報を得ることができます。**ただ漫然と生活しているだけでは気づかなかったことでも、意識を向けることで明確に見えるようになります。これがいわゆる「アンテナを立てる」という行為になります。

　何か気になることやネタになりそうなことを見つけたらそのままにせず、メモを取ったり写真を撮ったりして出来事を忘れないようにしましょう。
　絶対法則13 でも書きましたが自分宛てにメールを送ってみるのもいいでしょう。人は忘れっぽい生き物なので、そのまま放置しておくと自宅に帰ったころにはすっかり記憶から消え去ってしまいます。**「気づいたときにメモ」。これだけは忘れないようにしましょう。**

ヒント❸ 過去の記事を違う切り口で書いてみる

　数カ月ブログを書き続けてきた人にとっては実はこれが一番お勧めです。知識を増やし経験を積むことにより、あなたの能力は向上しています。だからこそ、最初のころに投稿した記事を再読することにより、当時の未熟さに気づけるのです。表現が稚拙でわかりづらかった、文章の構成がガタガタで主張と論証が成立していなかった、そもそも今の視点で考えると結論が変わってしまった等々、記事を書いたときにはまったく思いもよらなかったことに気づくはずです。元記事を削除してしまうのはもったいないので、「3カ月前はこう思っていたけど」といった補完記事を載せてもいいかもしれません。

　自分の成長を実感できるとともに、過去の思い違いを記事のネタにまでしてしまえるという素敵な方法になります。❶、❷のポイントをやり尽くしたと思ったらこの❸も試してみてください。

コラム

情報収集のための適切なリサーチ方法

　リサーチ（Research）とはそのまま日本語として使われることが多いですが、「研究、探究、追究」という意味があります。ブログという観点で考えると、「読者（あるいは読者になるかもしれない人）がどのような情報を求めているのかを調べよう」ということになります。

　インターネットに慣れている人は「情報収集なんてGoogleやYahoo!で検索すればいいんでしょ？」と自然に思うでしょうが、すべての人がそうとはかぎりません。そして、明確な検索キーワードが頭の中に浮かぶ人ばかりでもありません。人がどんな情報を求めているのか、そしてどのように調べようとしているのかはネットの世界の中にいても気づきません。そのようなときこそ外に出て探求しましょう。数多くのヒントは街中にあふれています。

1 書店で話題のフレーズを探る

　例えば書店。どのようなジャンルの雑誌が多く並んでいるのか。雑誌の中でよく使われている共通のフレーズは何か。どの雑誌がよく売れているのかなどを見ているだけで流行を把握することができます。私も今、女性が知りたがっている情報が何かを調べたいときは雑誌をまとめて購入して研究したりしています。

　調べてみるとわかりますが、インターネットで流れている情報と実社会で流れている情報には微妙にズレがあります。この「違い＝足りない情報」である可能性があるので、このような点を注意して見つけると特徴のある記事が書けるようになります。

「どのようなジャンルの雑誌が多く並んでいるのか」「雑誌の中でよく使われている共通のフレーズは何か」などを見るだけで流行を把握することができる

2 今まで行かなかった場所に行く

　もう1つ私の事例を挙げると、若い男性の心理を探求するために、年甲斐もなくアイドルグループのライブに足繁く通ったりしています。世の中には数多くのアイドルグループが切磋琢磨していますが、応援してくれるファンとの交流を大切にして一歩一歩階段を登っている人やグループばかりです。

死をテーマにしたファンタジーな物語を、歌とダンスで表現する5人組のファンタジーユニット「STARMARIE」(スターマリー)。単独公演「FANTASY CIRCUS ～第1幕 幻木町の怪人～」からの1枚。

　なぜファンは彼女たちを応援したくなるのか、なぜCDやDVDを購入していくのかという心理や行動原理は→なぜファンは彼女たちを応援したくなるのか、なぜCD購入し、握手をしたりチェキを撮ったりするのかという心理や行動原理は決して私がアイドル好きだとか……そういう……わけでは……ないのです。
　このように現実社会での情報を多く仕入れて自分のものにしていくことで、インターネット上で価値を埋める記事を生み出していくことができるのです。

絶対法則 15 読み手に優しい記事の書き方

自分しか読まない日記であれば、好きなように文章を書いてもいいでしょう。しかし本書はブログのアクセスアップや収益化が目標です。自己満足の文章ではなくディスプレイの先にいる読者のことを考えて記事を書きましょう。

重要度 ★★★★★　難易度 ★★★☆☆　対応 HTML 無料ブログ WordPress

適度に段落分けをすること

　読者に優しい記事とはどのようなものを指すのでしょうか。それはChapter-1の 絶対法則02 （20頁参照）でも書きましたが、適度な文量で段落分けされているものが1つ。2つ目が日常的に使われている平易な言葉で書かれているという点が挙げられます。本書で最初から書いているように、自分の好きなことや得意なことを説明しようとすると、どうしてもその分野の専門用語を使いがちになります。該当する分野に精通している人が読めばすぐに理解できるのでしょうが、**インターネット上で検索してやってくる読者は基本的に素人です**。知識がない人に向けて、業界用語を使っても理解することができません。

できるだけわかりやすい単語を使い、1記事は500〜1,000字でまとめる

　スマートフォンの解説をするブログで、スマートフォン用語ばかり書いてあったら、使用方法を知りたくてやってきた読者は文章の内容をまったく理解できず去っていきます。プログラムの解説を行うブログでテクニカル用語ばかり載せてはいけません。**わかりづらい単語は何かほかの平易な単語で置き換えできないか、あるいは補足説明で辞典の引用文を掲載するなどの気遣いをしましょう。**

　また、1記事あたりの文字数も考慮に入れましょう。だいたい500〜1,000字ぐらいであれば読み手は負担に感じません。これ以上長くなるようであれば前後編や3部作などに分割しましょう。**あまり長すぎる文章は最後まで読んでもらえない傾向が強いので、いいたいことをコンパクトにまとめて情報を提供しましょう。**

絶対法則 16 検索エンジンに好まれる記事の書き方を意識する

現在はSNSが浸透してきたので検索エンジンだけに集客を頼る必要性は薄れてきましたが、それでも基本的なことはしっかりと把握しておきましょう。本書ではプログラム的要素というよりも文章やキーワードの構成について解説します。

| 重要度 | ★★★★☆ | 難易度 | ★★★☆☆ | 対応 | HTML | 無料ブログ | WordPress |

法則❶ 記事のタイトルにキーワードを記載する

　検索エンジンは万能ではありません。書いていない単語を検索結果に表示させることは、いくら天才が集まるGoogleでも現状は不可能です（将来的にはできそうな気がするのが、あの企業の恐ろしいところですが）。**記事のタイトルにはテーマとなっているキーワードを必ず入れておきましょう。**化粧品の使用感を書きたいのであれば商品名、アプリの紹介をするのであればアプリ名、旅行記を書くのであれば観光地の名前をタイトルに入れておくことで、検索エンジンははじめてそのキーワードに関連する記事だということを認識します。

法則❷ 本文内にも適度にキーワードを散りばめる

　記事タイトルと同様に本文内にも検索エンジンに認識させたいキーワードを盛り込んでおきましょう。**本文内はメインテーマのキーワードをさらに分解させて細々とした単語を入れても効果的です。**

　例えば家電であれば商品名だけでなく型番、サッカーであればチーム名だけでなく選手名、ペットであれば犬種や猫種などを載せることで、より絞った読者層へ情報を届けることができます。

　必要だと思える情報をもれなく載せておくことで、1件2件といった小さなアクセスを呼び込むことができます。**この小さなアクセスを積み上げることで、次第に大きなアクセスを呼びこむブログに育っていくのです。**

法則❸ 自分のブログ内で関連記事にリンクを張る

　1カ月以上記事を書いていれば、いくつか関連する記事、あるいは続き物の記

事ができてくると思います。そのような状況があれば参照記事をリンクで繋いでみましょう。

● リンクの張り方

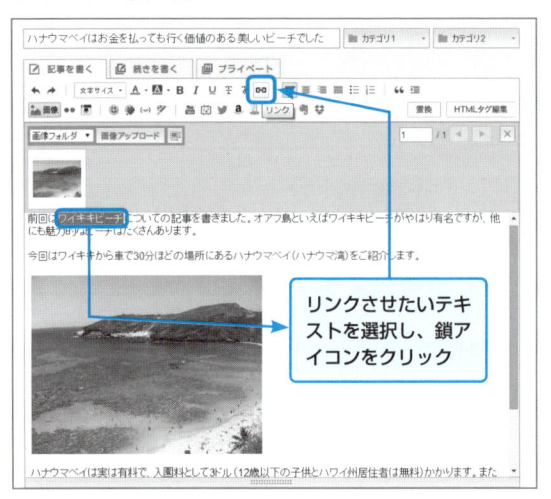

リンクの張り方は非常に簡単で、リンクを張りたいテキストを選択し上部の鎖のようなアイコンをクリックします。なお、このリンクを張るテキストをアンカーテキストといい、リンク先の記事に関連性の高い単語にしておくと効果が高いといわれています。

● テキスト（アンカーテキスト）が適正か確認

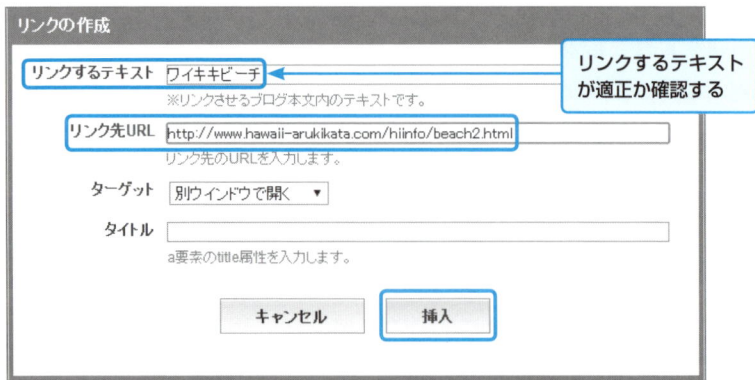

リンクアイコンをクリックするとこのような画面が表示されるので、リンクす

るテキスト（アンカーテキスト）が適正か確認します。その下のリンク先URLに任意のURLを入力（コピー&ペースト）して挿入ボタンを押せば記事内にリンクが生成されます。

過度のキーワードの詰め込みは逆効果

　今までの解説を読むと「**検索されたいキーワードをたくさん入れればそれだけ効果が出る**」と思われるかもしれませんが、**それは逆効果です**。たしかに検索エンジンは機械かもしれませんが、あなたの文章を読む人は人間です。単語の羅列になっていて意味のわからない文章を好んで読む人がいるでしょうか？　検索エンジンもそのような意味を成さないブログを検索上位に表示することはありません。**必要なキーワードはきちんと盛り込み、文章としてしっかりと価値を生める記事を提供していきましょう。**

● キーワードは適度に入れる

キーワードは適度に入れ込んでいく

　参考までにオアフ島のビーチに関する記事を書いてみました。キーワードとして意識しているのは四角で囲った場所です。キーワードを意識しすぎるがあまり文章として成立しないぐらいだったら、最初のうちはこのぐらいの意識で書いていただければ大丈夫です。

Check!
1 記事のタイトルには検索に引っかかるようにキーワードを入れる
2 本文内にもキーワード入れて小さなアクセスを稼ぐことが大事
3 関連記事には適切にリンクを張る

絶対法則 17　あなたの個性がにじみ出る ユニークな内容を心がける

記事を書くことに慣れてきたら文章内にあなたの個性を含ませていくトレーニングをします。読んでいて「つまらない」と感じる文章には大きな共通点があります。それは陳腐だということ。陳腐とは「ありきたり」「古臭い」という意味があり、要は「どこかで見たことがある内容」だということです。

| 重要度 | ★★★★★ | 難易度 | ★★★☆☆ | 対応 | HTML | 無料ブログ | WordPress |

あなたの視点が大事

　インターネットの世界では他人と同じというのは価値を生みません。少しでも目立つためにはあなた独自の視点で書いた記事が必要になります。**オリジナリティがあり、ユニークな切り口であればあるほど、あなたの文章に共感しファンになってくれる人もいます。他人との「差」が大きければ大きいほど、インターネット上では反響を生みます**。ただ勘違いしてほしくないのは、突飛である必要だとか、攻撃的である必要はありません。読者の役に立つことを第一に考えて、誠実な記事を書き続けることで必ず独自性は生まれます。

　では事例として2つの文章を載せてみます。沖縄の美ら海水族館に行った家族という設定で書いていますが、どちらのほうが個性が出ているでしょうか。

事例❶　事実の羅列

美ら海水族館に行ってきました！

今日は家族で美ら海水族館に行ってきました！　沖縄に来たなら美ら海水族館は外せない観光スポットですから、みんなワクワクして館内を見まわりました。

日本最大級のメイン水槽にはジンベエザメやナンヨウマンタなど巨大な魚たちが悠々と泳ぎ、お客さんたちは食い入るように水槽を眺めていました。ほかにもクマノミなど可愛い魚の熱帯魚エリアやイルカショーなど、見るポイントがたくさんでホント楽しめました。

これだけの水族館ですからお客さんもいっぱいでしたが、その気持ちもわかります。また沖縄に来たときには絶対に来たいと思います。

事例 ❷ 書き手のキャラクターが感じられる

美ら海水族館で2歳の息子も大興奮！

今日は家族で美ら海水族館に行ってきました！
うちの家族はみんな魚好きですから、沖縄に来たら美ら海水族館に絶対行こうと決めていました。

妻は鮫類が大好きなので大水槽でジンベエザメやオオテンジクザメ、コバンザメを見ながらキャーキャー言っていました。2歳ながらも息子は熱帯魚系の可愛らしい魚がお気に入りらしく、クマノミやチンアナゴを見てキャッキャ言っていました（私のお目当てはウミガメ館なのですが……）。

イルカショーも大盛況でしたが運よく前のほうに座れました。子どもはイルカショーを見るのがはじめてだったのですが、高く飛び跳ねるイルカたちが気に入ったようです。帰りのおみやげ店でイルカのぬいぐるみをせがまれてしまいました（私はウミガメがよかったのですが……）。

美ら海水族館は海洋博公園の中にあるので、水族館以外にも家族で楽しめるスポットが満載です。小さな子どもと一緒に一日楽しめるので、ホントオススメですよ！

いかがでしょうか。本来であれば写真もたくさん載せたほうがいいのですが、比較しやすくするために文章だけで事例を書いてみました。読んでいただければ一目瞭然ですが、 事例1 は事実の羅列にしかなっていません。たしかに体験を載せることは大切なのですが、慣れてきたら 事例2 のようにあなたのキャラクターが感じられるような文章を書いてみましょう。

この流れでウミガメの記事を書けば、「この人は本当にウミガメが好きで詳しいんだな」という印象を読者に持ってもらえます。差というのはこのような小さな独自性の積み重ねで広げていくものです。

Check!
1. 「陳腐」な内容は価値を生みづらい
2. オリジナリティがあり、ユニークな切り口であればあるほど、あなたの文章に共感しファンになってくれる
3. 「差」は小さな独自性の積み重ねで広がっていく

絶対法則 18 あなたのことは誰も知らないから記事内容で信用を積み上げる

どこかで見た記憶がある、陳腐で薄っぺらい情報では読者からの信頼は得られません。1記事1記事の有益な情報提供の積み重ねによって、はじめて読者はあなたのことを信用し、再度ブログを訪れてくれるファンになってくれます。

| 重要度 | ★★★★★ | 難易度 | ★★★★☆ | 対応 | HTML | 無料ブログ | WordPress |

■記事を丁寧に更新してあなた自身のファンをつくる

　もしあなたが芸能人や著名人であれば、日々の生活を公開する日記のような記事でも大量のアクセスを呼べます。しかし、残念ながら私たちはそうではありません。参考までに私は3冊書籍を出版していますが（本書で4冊目）、個人のブログのアクセス数は1日1,000ページビュー程度です（そもそも気が向いたときしか更新していませんが）。書店で売られている本を書いていても、実際にはそのレベルなのです。

　ですから、**私たちは自分の知名度などは「ない」ということを認識して、一つひとつの記事を大切に更新し、あなた自身のファンをつくっていく必要があります**。

■まず自分の得意分野の情報を洗い出し、読者に提供する

　本書では、まず自分自身の得意分野を掘り起こして、得意ジャンルの情報をたくさん書いて価値を提供するということを提唱しています。あなたの知識や経験を、あなた独自の視点で、わかりやすい言葉で解説しましょう。

　絶対法則15（72頁参照）でも述べましたが、専門性の高い内容であればあるほど業界用語を使いがちです。**わかりやすい、日常でよく使われる単語で解説されているだけでも、読者にとって有益な情報となります**。使える、役に立つ情報が数多く掲載されているブログに成長してきてから、あなたの書きたいことを書いたって遅くありません。

　まず自分の得意分野の情報をしっかり提供して、アクセスを集める、収益を生む経験を積みましょう。

絶対法則 19 写真や動画を活用しよう

画像や動画を活用することで、あなたのブログの表現力を格段に向上させることが可能です。文章では伝わりづらいイメージでも、記事内に写真やイラストを1枚配置するだけで雰囲気はガラッと変わります。文章だけで味気ないと感じはじめたら、画像について学んでみましょう。

| 重要度 | ★★★★☆ | 難易度 | ★★☆☆☆ | 対応 | HTML | 無料ブログ | WordPress |

読者の理解度を簡単に上げられる

「百聞は一見に如かず」という諺がありますが、写真や動画など視覚に訴えかける方法は非常に有効です。文字だけで伝えようとするとどうしても長い文章になってしまったり、読みづらくなる傾向があります。そして残念ながらあなたの伝えたいイメージは読者にほとんど届きません。**画像1枚、動画1つ記事内に挿入することで、簡単に理解度を上げることが可能です。**

絶対法則16（75頁参照）の事例でハナウマベイの記事を載せましたが、ハナウマベイの美しさを伝えるには文章よりも1枚の写真のほうが有効なのです。このように**画像を上手に使うことで読者に優しく、そしてあなたのメッセージを的確に届けることができるようになります。**

法則① 写真はとにかく枚数を撮る

写真というと一眼レフなどの高性能カメラを買わなければいけないと思われるかもしれませんが、最初のうちはコンパクトデジタルカメラで十分です。最近のスマートフォンはデジカメに負けないぐらいの画質があるので、スマートフォンのカメラでもかまいません。

写真のコツは何よりも枚数を撮ることです。いろいろな角度やズーム、自然光撮影やフラッシュ撮影、同じ被写体を何十枚と撮影することでその中で一番よく撮れたものを選択することができます。**2枚より10枚、10枚より50枚撮影しておいたほうが、言葉はよくないですが奇跡の1枚が映る可能性も高まります。**

ただし何百枚と撮影してしまうと選択に時間がかかってしまうので、適度なバランスで撮影してください。
　また、撮影後に加工するのであればGIMPという無料の画像加工アプリがお勧めです。またGoogleが提供するPicasaというサービスも無料で利用できます。

● GIMP
http://www.gimp.org/

● Picasa
http://picasa.google.co.jp/

　GIMPの使用法はこちらのウェブサイトに詳しく載っています。Picasaについても「Picasa 使い方」で検索すれば解説サイトが見つかるので、使いやすいツールを選択してください。

● GIMP道
http://gimp-dou.com/

法則 ❷ 動画は動きや音量を伝える

　動画のポイントはやはり動きと音の大きさ（小ささ）を伝えることです。例えば掃除機であればどのような操作性になっているのか、静粛性はどうなのかという点にフォーカスして動画を作成すると読者の期待に応えられることができます。このあたりは**テレビショッピング**が非常に**参考になる**ので研究してみてください。

●YouTube
https://www.youtube.com/

●KazuChannel
https://www.youtube.com/user/kazuch0924

●ジェット☆ダイスケ
http://www.youtube.com/user/jetdaisuke

2 集客できるブログの作成法

観光スポット案内であれば360度の風景を撮影してもいいでしょう。ペット等の動物を扱う場合でも、犬や猫の動きを臨場感や愛くるしさたっぷりに撮影するといいでしょう。動画の加工もWindowsのムービーメーカーやMacのiMovieなどの無料編集アプリで最初のうちは十分です。少しずつ編集テクニックを磨いていきましょう。

　動画のアップロード先はYouTubeが一般的です。Googleアカウントを取得していれば利用可能なので活用しましょう。

　余談ですが、YouTubeのAdSense広告で収益を上げている人は、自作の動画を大量に制作し視聴数を伸ばして収益に変えています。今回の文章の補足という趣旨の利用法というよりも完全に収益化に重きを置いた利用法ですが、商品紹介の方法や自分のキャラクター設定など非常に参考になる事例が多いです。本書では前頁で2つのチャンネルを事例として掲載していますが、ほかにも数多くのチャンネルがあります。興味がある人はいろいろと視聴してみることをお勧めします。

法則 ❸ 比較対象物を載せる

　画像や動画で重要なポイントをさらに挙げるとしたら、この「比較対象物」の活用です。**文章でどれだけ15cmぐらいとか単行本サイズといってもなかなかイメージは伝わりません。しかしながら、撮影したい製品の横に見覚えのある比較対象物を置くだけで伝わります。**

　例えばiPad miniの製品紹介であれば横にiPhone5sを置けばいいわけです。iPad miniをほしがる人はおそらくiPhoneを使ったことがある層でしょうから、自分の頭の中で勝手にイメージを補完してくれます。すごく巨大なカボチャのサイズを伝えたければ自分が隣に座ればいいわけです。

　このように比較対象物を利用することで伝える力は格段に向上するので、ぜひ活用してください。

> Check!
> ❶ 画像を上手に使うことで読者に優しく、メッセージを的確に届ける
> ❷ 動画の動きや音声はTVショッピングが参考になる
> ❸ 比較対象物を利用することで伝わる情報は格段に向上する

絶対法則 20　SNSを活用しよう

FacebookやTwitterを代表としたSNSを利用することにより、検索エンジンに頼らない集客を行うことができます。しかしながらブログの更新情報だけを流していても意味がありません。SNSの本質を捉えたうえで、効果的な活用方法について解説します。

| 重要度 | ★★★★★ | 難易度 | ★★☆☆☆ | 対応 | HTML | 無料ブログ | WordPress |

SNSからのアクセスは見逃せない

　数年前まではアクセスを集めるには検索エンジンでの上位表示か、ウェブサイト同士の相互リンクからの流入、あるいはブログランキングに登録し順位を上げるという施策が主流でした。しかしながら、**今ではFacebookやTwitter、Google+などのソーシャルネットワーキングサービス（以降SNSと略）からのアクセスも流入経路として大きな割合を占めています。**

　TwitterやFacebookアカウントの取得方法については、インターネットで検索すれば解説サイトがたくさん表示されるのでこの書籍では割愛しますが、ライブドアブログには簡単にアカウントを紐づけることができるシステムが導入されています。

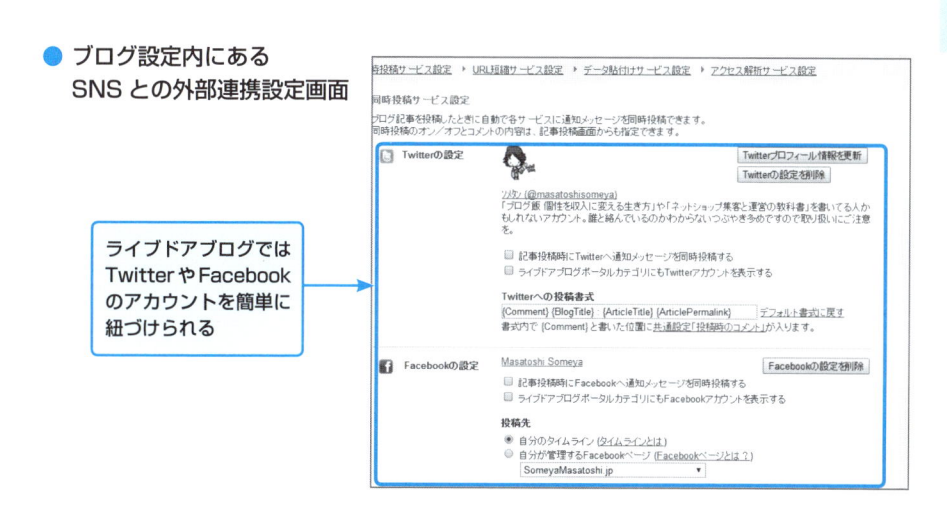

● ブログ設定内にある
　SNSとの外部連携設定画面

ライブドアブログではTwitterやFacebookのアカウントを簡単に紐づけられる

忘れずに設置したい「ソーシャルボタン」

　ブログ設定＞外部サービスより、自分のTwitter、Facebook、mixiアカウントと認証させることにより、記事を公開したら自動的にSNSに投稿させることができます。SNSへの投稿忘れを防ぐためには有効なシステムですが、個人的には何か一言コメントを付与したうえでSNSに投稿したほうが効果的に感じるので、この設定は運営方法にあわせて利用する／しないを選択していただければと思います。

● 「ソーシャルボタン」の設定

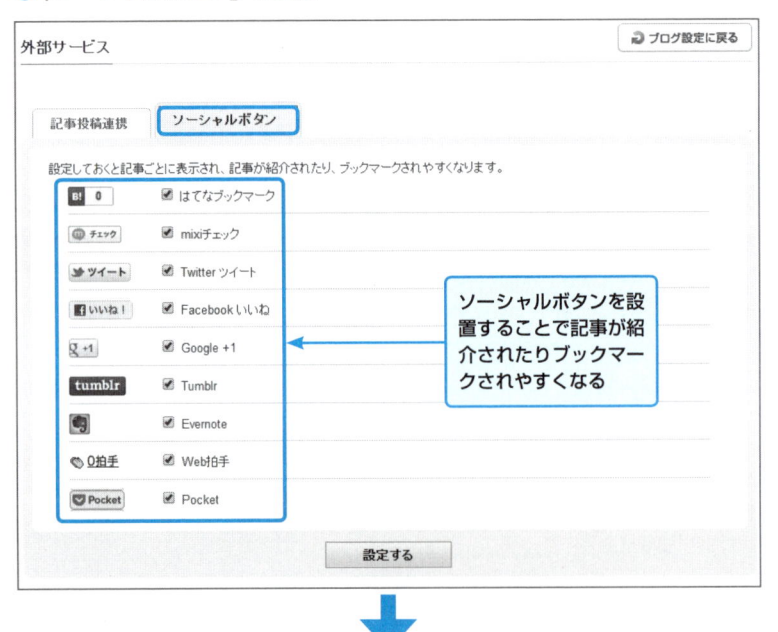

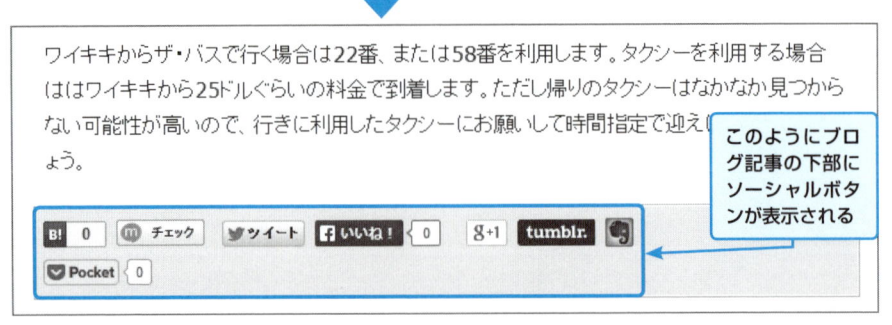

ソーシャルボタンを設置することで記事が紹介されたりブックマークされやすくなる

ワイキキからザ・バスで行く場合は22番、または58番を利用します。タクシーを利用する場合ははワイキキから25ドルぐらいの料金で到着します。ただし帰りのタクシーはなかなか見つからない可能性が高いので、行きに利用したタクシーにお願いして時間指定で迎え〔…〕ょう。

このようにブログ記事の下部にソーシャルボタンが表示される

ソーシャルボタン設定は忘れずにチェックを入れておきましょう。あまり多すぎても邪魔になってしまいますが、**最低限「はてなブックマーク」「Twitterツイート」「Facebookいいね」「Google+1」「Pocket」は表示させるようにして**おきましょう。

　左頁下の画像のように、チェックを入れた項目がブログ記事の下部に表示されます。このボタンをクリックすると記事のタイトルとURLが各SNSに投稿されます。自分で拡散するときにも便利ですし、読者が「いい記事だ」と思って拡散したいと思ったときにも親切です。わざわざ自分で記事タイトルとURLをSNSの投稿フォームに入力するのは手間なので、訪問者の利便性を向上させるという意味でも必ず設定しておきましょう。

　SNSを上手に活用することで、検索エンジンからは呼べない客層を集客することが可能になります。しかしながら、すべてのSNSに共通していえることは「単に更新情報だけ投稿しても意味がない」という点です。普段の投稿が（すべてではなくていいのですが）面白く、友人やフォロアーとの交流が頻繁に行われているアカウントであれば拡散の効果も拡大します。逆にただ記事更新の告知だけをしているようなアカウントでは見てもらえることは少ないですし、そもそもフォロアーも増えません。**まずはSNSの本質である「交流」に主眼を置いてフォロアーとの繋がりを深めましょう。**何よりあなたの発信する情報なら大丈夫とフォロアーに思ってもらえる関係性づくりが大切です。更新情報を適度に流していくのはそれからでも遅くありません。

代表的なSNSを把握しておく

　以下、代表的なSNSの活用法について解説します。

● **Twitter**
https://twitter.com/

　Twitterの拡散をねらうのであれば内容が明確に理解でき、多少インパクトのある記事タイトルを考える必要があります。ただ注意しなければいけないのは過激なだけのタイトルは逆効果ということです。過激なタイトルは拡散されやすいかもしれませんが、それに見あうだけの内容が書かれていなければ逆に読者をがっかりさせてしまいます。場合によっては反感を買ってしまうことにもなりかねません。いわゆる炎上というものです。記事タイトルと内容の乖離が大きけれ

ば大きいほど炎上という残念な結果になりがちです。バランスを考えた記事タイトルを心がけましょう。

　また、**記事内に使われている象徴的な画像を一緒に掲載することで読者に興味を抱かせ、クリック率を向上させることもできます**。単に記事タイトルとURLを掲載するだけでなく、一手間加えることで効果が高まる場合もあるのでいろいろとテストしてみてください。

● Facebook
https://www.facebook.com/

　Facebookアカウントはある意味あなたの分身です。現実世界での友人知人、ネット上でも比較的仲のいい層が友人として登録されているはずです。何よりもあなた自身の発信する情報が有益だということを、友人たちに認識してもらう必要があります。Facebookは自分の考えや経験、旅行に行った写真などプライベート感が強い傾向があります。SNS上での宣伝投稿はあまり好まれないにも関わらず、機械的に更新情報だけ投稿していたらどうなるでしょうか。見てもらえないだけならまだしも、フォローを外され友人のタイムライン上で非表示にされてしまう可能性もあります。**人間性のあふれた（可能なかぎりポジティブな）投稿をしつつも、適度にブログの更新情報を流すといったバランス感覚が必要です**。

　Facebookで拡散をねらう場合は記事タイトルもたしかに重要ですが、何よりも写真のインパクトが大切です。視覚で興味を引き、内容で納得してもらうわけです。できるだけ読者の視覚に訴えかける画像を利用しましょう。

● Google +
https://plus.google.com/

　Google+も基本的な活用法は一緒で、画像を効果的に利用することで拡散されやすい状況にすることができます。そしてGoogle+の肝は「コミュニティ」という機能です。自分の興味のある分野のコミュニティに参加し、積極的に交流を図ることでGoogle+内でのあなたの存在感を大きくしフォロアーを増やすことも可能です。

　また忘れてはならないのが**AdSenseコミュニティです**。このコミュニティはGoogle公式のコミュニティで、直接、疑問などを投げかけることができます。

すべての質問にGoogleの担当者から返答があるとはかぎりませんが、同じコミュニティの仲間が回答を書いてくれる場合もあります。コミュニティ内で自分の経験を投稿したり、メンバーの質問に答えたりすることでメンバー同士の交流を図ることも可能です。また公式のイベント情報も掲載される場合があるので、しっかりとチェックしておきましょう。

- **AdSense Japan／Google 公式コミュニティ**
  https://plus.google.com/communities/112491912852963845595

- **集まれ！ AdSense 初心者／Google 公式コミュニティ**
  https://plus.google.com/communities/102172793953785827081

- **はてなブックマーク**
  http://b.hatena.ne.jp/

　厳密にいうと、はてなブックマーク（以降「はてブ」と略）はSNSではなくソーシャルブックマークサービスなのですが、ソーシャル活用として一緒にされる場合も多いのでこの項で解説します。

　ソーシャルブックマークサービスとは簡単にいうとオンライン上の「お気に入り（ブックマーク）」登録で、インターネットに接続できる場所であればどこでもどの端末でも、自分の登録したブックマークを利用でき、さらに自分の登録した「お気に入り」の情報をネット上で共有できるサービスです（他人には非公開で自分だけの公開設定にすることも可能）。特に**「はてブ」はネット上での影響力が大きく、このインフラで拡散されることで大きなアクセスを呼び込むことが可能になります。**

　多くのはてブを集めたければ、「いかにも役に立ちそうな法則のタイトル」か「多少刺激的なタイトル」、「読み応えのある文章量」、「議論のきっかけになる内容」、そして「運」などの要素が必要になります。

　はてブは比較的、中～上級者向けのサービスなので、最初のうちはあまり意識しないでおいてもいいでしょう。記事が安定して投稿できるようになったらどのようなタイトルや記事内容が評価されているのか研究しながら利用しましょう。

● ブログランキング

　ブログランキングもSNSではないのですが、検索エンジン以外の集客手段の一環としてこの項で解説します。
　ブログランキングとは、ブログがランキング形式で登録されているポータルサイトのことを指します。有名なブログランキングサイトは人気ブログランキング（http://blog.with2.net/）やにほんブログ村（http://www.blogmura.com/）があり、数多くのブログが登録されています。

> ワイキキからザ・バスで行く場合は22番、または58番を利用します。タクシーを利用する場合ははワイキキから25ドルぐらいの料金で到着します。ただし帰りのタクシーはなかなか見つからない可能性が高いので、行きに利用したタクシーにお願いして時間指定で迎えに来てもらいましょう。
>
> BLOG RANKING　　にほんブログ村

　このようなバナーを見かけたことはないでしょうか。ランキングの集計方法は、読者にこのようなバナー（テキストの場合もあり）をクリックしてもらうことにより算出されます。あなたのブログからのクリックが多ければ多いほど順位は上がります。**順位の高い場所に表示されているブログはブログランキングの訪問者の目に止まりやすいので、多くの流入が見込めます**。また、ブログのジャンルが細かく分かれているので、同じ題材を扱うブログの運営者と交流を図ることも容易です。
　一昔前のブログランキングブームからは多少落ち着いた感もありますが、まだまだ十分に活用できる集客方法の1つです。興味がある人は試してみてください。

Check!

1. 記事上部、あるいは下部にソーシャルボタンを設置しておく
2. SNSを上手に活用することで、検索エンジンからは呼べない客層を集客することが可能になる
3. まずはSNSの本質である「交流」に主眼を置いてフォロアーとの繋がりを深める

コラム

SNS 活用の具体例

以前、私はこのような記事を書きました。

- Google AdSense だけで家族を養ってきた僕が、今までやってきたブログ運営術をガチで解説するよ
  http://wp-d.org/2013/02/05/2428/

　この記事は 1,000 超のツイート数、600 超のいいね数、2,000 近いはてなブックマークを得て、通算で 13 万以上のアクセスを呼び込んだ記事です。自分でいうのもなんですが、タイトルと内容が適合していたからこそ、それだけの反響を生むことができました。このタイトルで 1 カ月の収益が 5 万円程度であれば単なるハッタリだけの記事タイトルになってしまいます。内容が適正であり、なおかつインパクトのあるタイトルをつけることで相乗効果を見込めるのです。

　なお、種明かしとして以下の記事を掲載しています。どのように話題性を呼ぶ記事をつくったのか興味がある人はぜひ見てみてください。

- さぁ、「アドセンスだけで家族を養ってきた〜〜」の記事の裏側を一緒に読みといてみようか
  http://wp-d.org/2013/05/29/4258/
- 続、「アドセンスだけで家族を養ってきた〜〜」の記事の裏側を一緒に読みといてみようか
  http://wp-d.org/2013/05/30/4322/

　ただし、話題性をねらっても不発で終わることもよくあります。そのときはそのときでタイトルが悪かったのか、読者層が違ったのか、そもそも投稿時間が悪かったのかという仮説を立て検証を行いながら精度を高めていきましょう。

絶対法則 21 アクセス解析を導入する

アクセス解析を導入することで、あなたのブログにやってきている読者の傾向や求めている情報（キーワード）を想定することができます。アクセス解析の導入自体は難しくありませんので、ブログ開設当初からしっかりと設定しておきましょう。

重要度 ★★★★☆　難易度 ★★☆☆☆　対応 HTML 無料ブログ WordPress

訪問者のデータを分析し、集客に繋げる

　アクセス解析はあなたの運営するブログに訪問してきた人のデータをさまざまな角度から閲覧、分析できるツールです。ライブドアブログにもアクセス解析機能が搭載されているので運営初期は使ってみてもいいでしょう。

● ライブドアブログのアクセス解析画面

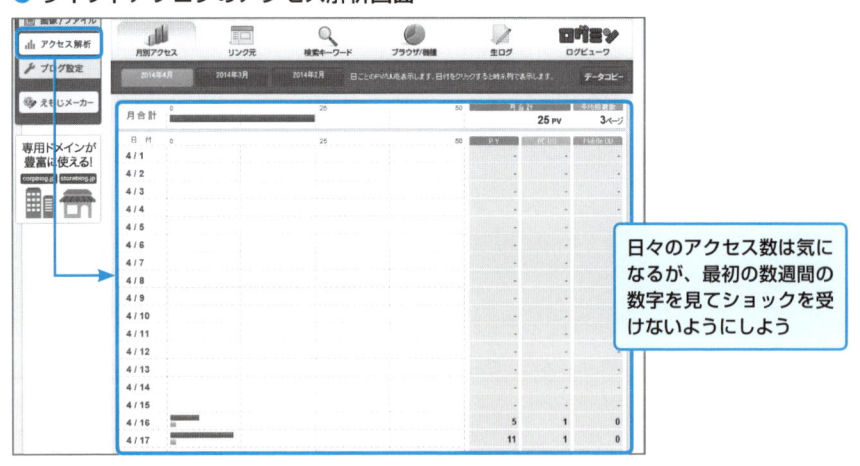

> 日々のアクセス数は気になるが、最初の数週間の数字を見てショックを受けないようにしよう

　ライブドアブログの管理画面＞アクセス解析からアクセス数などの確認ができます。日々のアクセス数もたしかに気になりますが、特に最初の数週間は目を覆いたくなるような数字だと思いますのであまり深く考えるのはやめておきましょう。それよりも**重要なのがリンク元や検索キーワードです。**誰のブログ（ウェブ

サイト）で紹介されているのか、どんな検索キーワードで訪問されているのかを研究することで、どのような記事が好まれているのかを検証することができます。人気のある記事、キーワードは補足記事を書くなどして情報を厚くしていきましょう。

　アクセス解析の具体的な活用方法はChapter-4の 絶対法則41 （147頁参照）に掲載していますが、ブログをはじめた1カ月間ほどは初期設定だけをしておけばOKです。ブログを書きはじめてすぐアクセス解析を見てもデータが少なくて検証できないばかりか、あまりのアクセス数の少なさに記事を更新するモチベーションを失ってしまいます。最初のうちはまじまじと細かい数値を見るのではなく、自分のブログにも人が訪れているという状況に喜びを見出しましょう。

Googleアナリティクスとの連携

　なおライブドアブログでは、無料でありながらも詳細なデータを収集することができるGoogleアナリティクスの導入も簡単に行うことができます。

● ライブドアブログでのGoogleアナリティクスの導入

> ライブドアブログではGoogleアナリティクスとの紐づけも簡単にできる

　ブログ連携＞外部サービスの下のほうにGoogleアナリティクスとを連携させるフォームがあります。ここに指定のGoogleアナリティクスのIDを入力することで詳細なデータを確認することができるようになります。Googleアナリティクスの活用法については次頁の 絶対法則22 で詳しく解説します。

Check!
1. アクセス解析はブログ開設当初からしっかりと設定すること
2. 運営初期はライブドアブログの機能でも十分
3. リンク元や検索キーワードからどのような記事が好まれているのかを検証できる

絶対法則 22 Googleアナリティクスの導入方法

Googleアナリティクスとは Google 社が提供している高機能のアクセス解析ツールです。Google アカウントを取得し Google アナリティクスに申し込むことで、月間アクセス 1,000 万 PV まで「無料」で利用することができます。ライブドアブログのアクセス解析よりも詳細データが取得できるので、併用して活用しましょう。

重要度 ★★★★☆　難易度 ★★☆☆☆　対応 HTML　無料ブログ　WordPress

Googleアナリティクスをはじめよう

Googleアナリティクスをはじめるにあたり5つの手順を踏んでいきます。

Googleアナリティクス 運用までの5つの手順
1. Googleアカウントを取得する
2. Googleアナリティクスの使用を開始する
3. アナリティクスコードを取得する
4. ライブドアブログのGoogleアナリティクスの設定項目にトラッキングコードを張りつけるアクセス解析サービス設定欄に入力する
5. データを取得しているか確認する

STEP ❶ Googleアカウントを取得する

　Googleアカウントとはいわゆる Gmail のアドレスです。Googleのホームページから簡単に取得できるので、まだ持っていない人は取得しましょう。すでに Gmail アドレスを持っていれば、そのアカウントを利用しても大丈夫です。

STEP ❷ Googleアナリティクスの使用を開始する

続いてGoogleアナリティクスの設定を行います。

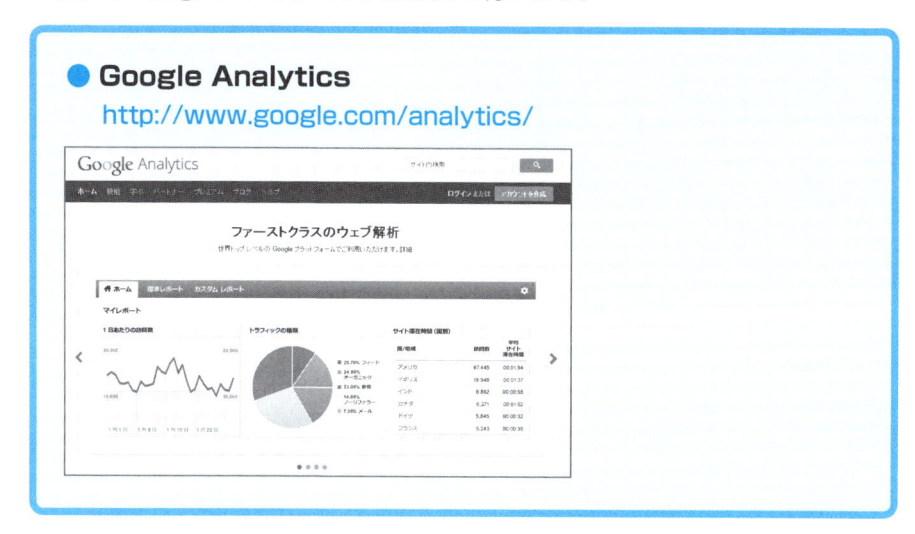

● **Google Analytics**
http://www.google.com/analytics/

●「Google アナリティクスの使用を開始」

「Google アナリティクスの使用を開始」からスタート

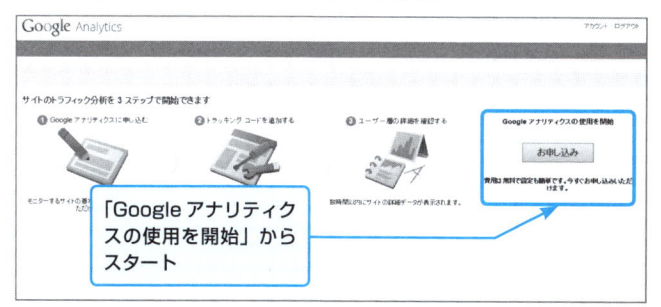

　取得したGoogleアカウントでログインして、「Googleアナリティクスの使用を開始」の個所から申し込みボタンをクリックします。

STEP ❸ アナリティクスコードを取得する

　Googleアナリティクスの管理画面からコードを取得します。指示に沿って必要項目を埋めていきます。

● 任意の名前を入力していく

アカウント名、ウェブサイト名の欄に任意の名前を入れていきます。そしてブログのURLを入力します。それ以降の項目はオプション機能なので、必要だと思える項目にチェックを入れて「トラッキングIDを取得」ボタンを押します。

● Google アナリティクス利用規約

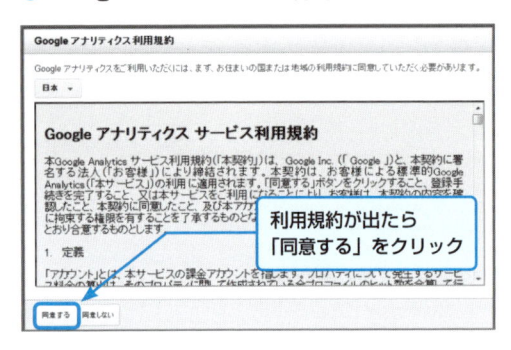

最後に利用規約が表示されるので「同意する」をクリックしましょう。もし英文で表示された場合は規約上部におそらく「アメリカ合衆国」と表示されていると思いますので、これを「日本」に変更しましょう。

STEP ④ ライブドアブログの Google アナリティクスの設定項目にトラッキングコードを張りつける

● トラッキングコードを張りつける

ライブドアブログの外部サービスの項目に取得したトラッキングコードを張りつけます。

● ライブドアブログに張りつける場合

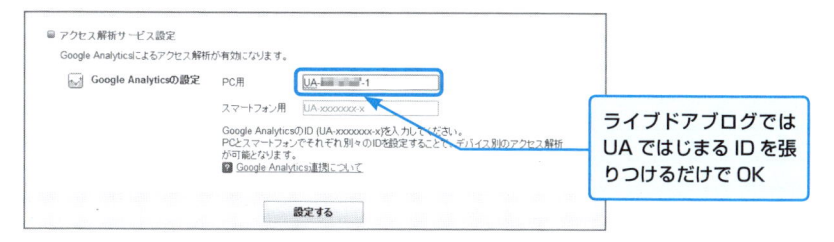

ライブドアブログではUAではじまるIDを張りつけるだけでOK

　ライブドアブログの場合はUAではじまるIDを張りつけるだけで集計されるようになりますが、ほかの無料ブログやWordPress等で利用する場合はトラッキングコードをすべてコピーして任意の場所に張りつける必要があります。一般的にはヘッダー部分に挿入する場合が多いです。各ブログのヘルプや「ブログシステム名　アナリティクス　設置」などの検索ワードで調べてみてください。

STEP ⑤ データを取得しているか確認する

　自分でアクセスしてカウントされているか確認しましょう。リアルタイムのタブをクリックすると今現在アクセスしている数が出るので、データを取得しているかどうかの確認ができます。

● リアルタイムでアクセス数を把握

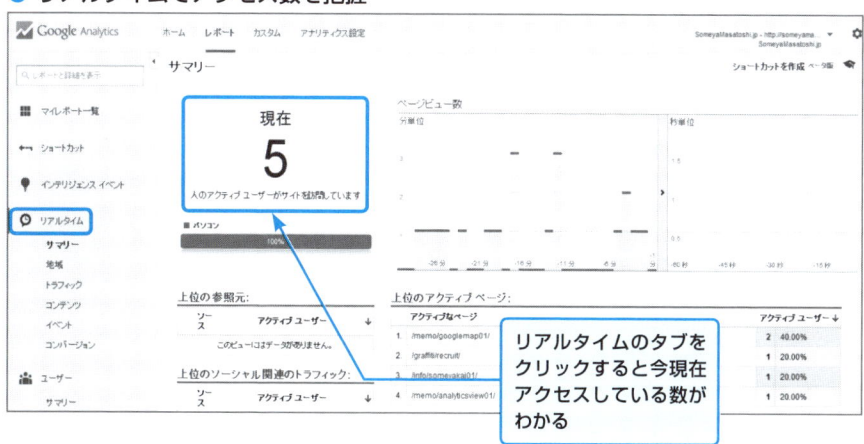

リアルタイムのタブをクリックすると今現在アクセスしている数がわかる

絶対法則 23 アクセスがたくさん集まるブログをつくるための9の心得

そもそもブログのアクセスがなければ収益は発生しません。ではどうすればアクセスが集まるかというと、最も地味であたりまえの話ですが役に立つ内容をわかりやすく解説し続ける必要があります。この項ではChapter-2のまとめとして、重要な項目を9個挙げていきます。

重要度 ★★★★☆　難易度 ★★☆☆☆　対応 HTML 無料ブログ WordPress

心得 ❶ 好き、あるいは得意なジャンルについて書く

　言葉は悪いですが「馬鹿になれるくらい好きなこと」をやり続けることが大切です。ももいろクローバーZでもガンダムでも艦隊これくしょんでも何でもいいのです。時間を忘れて没頭できるぐらい好きなことをテーマにすることで、あなたの情熱や躍動感が感じられる文章になります。そんなブログにはあなたに共感してくれる読者が自然と集まってくるものです。

心得 ❷ 誰に何をどうやって伝えるか

「みんながやっているから」
「なんとなく楽しそうだから」
「楽に稼げると聞いたので」

　このように、ブログをはじめる理由が弱いと長期間更新を続けるのは難しいですし、メッセージ性も弱くなってしまいます。「なぜ自分なのか」ということを意識しておくだけで、不思議なことに文章の雰囲気が変わってきます。

「なぜそのブログをあなたがはじめる必要があるのか」
「誰にあなたのメッセージを伝えたいのか」
「どのような表現手法であなたのメッセージをわかりやすく伝えるのか」

　このようなことを考えてみるといいでしょう。

次に誰に読んでもらいたいかという点。この書籍であれば「アクセスアップの方法を探しているブロガー」「好きなことをブログに書いてお小遣いの足しにしたい人」「これからブログを書いてみたい初心者層」が手に取ってくれている可能性が高いわけです。このように、どのような読者が読み手となるのかを想定しておくだけで表現方法が変わってきます。

　そしてどのような表現手法を使うかを考えておきましょう。**文章を書くのが得意な人は文章でメッセージを伝えればいいですが、苦手な人は文章にこだわる必要もありません。写真や動画を活用したりすればいいわけです。**

　自分のできることと読み手の立場を想像し、相手に自分のいいたいことを伝えるにはどのやり方が最適なのかを考えておくと、読者に優しいブログができあがります。

心得❸ あなたのことは誰も知らない

　あなたが芸能人や有名人なのであれば日々の生活を書いてもいいでしょう。ただ、全然知らない人のランチや日々の出来事を読んであなたは楽しいですか？ 普通に考えたら、私たち一般人の日常に興味を持っている人は数少ないでしょう。

では読者が求めているのは何でしょうか？

　それはもちろん知識や役に立つ情報、面白い話です。まずは、あなたのブログを訪れてよかったと思ってもらえるような内容を考えて投稿しましょう。単なる日常を書くのではなく、ブログのコンセプトを決めて役に立ちそうな情報を書く。**自分がやってみて便利だったこと、ちょっとした豆知識など、あなた自身にしか書けないような内容を記事にしていきましょう。**

　あなたにとってはあたりまえのことでも、ほかの人からしてみたらはじめての話ということもあります。あなた自身の経験や知識の中から、ブログを通じて新しい価値を提供できるような内容を心がけましょう。

心得❹ 1つのジャンルの専門家になる

　世の中にはさまざまなジャンルの専門家や評論家があふれています。**なぜその分野の第一人者になれたかというと、自分の好きなことを徹底的にやり続けたからです。**そして、そのジャンルの情報をわかりやすく世の中に提供してきたからこそ、世間で認知されたわけです。

　何度もいいますが、**あなたの「仕事や趣味で得た知識や経験」というのは、あ**なたにとってはあたりまえのことでも、知らない人・その情報を調べている人に

とってはとても有益なコンテンツになります。その内容をわかりやすく、自分の表現方法で、できれば事例を交えて解説してあげれば喜んでくれる人は必ずいます。

心得 ⑤ 子どもにも理解できる言葉で

　専門家が陥りやすい傾向として、専門用語や業界用語を多用してしまうという点があります。**基本的に情報を求めてくる人は何も知らないと思っておいたほうがいいでしょう。**プログラムの説明をするのにテクニカル用語ばかり使ってはダメです。AdSenseの解説をするのに広告用語ばかり使っていては理解してもらえません。

　難しい単語、専門用語等はあらかじめウィキペディアや国語辞典、類語辞典で何か別の言葉で置き換えることができないか調べてみましょう。**目安としては小学校高学年の子どもが読んでも理解できる文章です。**

心得 ⑥ 石の上にも三年

　1つのことを続けることによって、間違いなく結果に繋がっていきます。さすがに1つのブログを3年とまではいいませんが、100本ノックの気持ちで、毎日1記事ずつ3カ月更新し続けることができれば必ず何かしらの結果が出ます。

　アクセス数が伸びたり、収益が出たり、記事を書くスピードが上がったり、ネタを見つけることに困らなくなったりと結果の種類は人それぞれですが、**まずは継続するということを目標としましょう。**

心得 ⑦ 違いこそが価値になる

　人との違い・差こそが価値だということを認識しておきましょう。例えば本を買うとき、すでに自分の知っていることが書いてある本を買うでしょうか。パソコンができる人が初心者向けのパソコン教室に通うでしょうか。

　人は自分との違いや差にこそ興味を持ちます。自分との差異が大きければ大きいほど、その人に対しての興味関心も大きくなるのです。ブログにアクセスが集まらないと悩んでいる人は、ほかの人と同じような内容を載せていたりしませんか？　そのような一般的な内容のブログをわざわざ読みにいきたいと思いますか？　他人との違いを恐れずに、むしろ他人との差こそが価値になるということを認識し、あなた独自の見解を交えた記事を書いていきましょう。

心得 ⑧ 全力を尽くしても完璧は求めない

　記事を書くときはそのときの最大のパフォーマンスで書いてください。**不思議なことに、手を抜いて書いた文章は読者に伝わります。**普段、全力で書いているのにもかかわらず、たまたま手を抜いてしまった記事をはじめてあなたのブログに訪れた人が読んだらどう思うでしょうか？　おそらく「つまらないありきたりな」文章だと思われ、その後、あなたのブログに来てくれる可能性は低いでしょう。

　ただし、全力を尽くすことと完璧を求めることは違います。最初から、誰もが満足できるような完璧な文章を書けるような人はほとんどいません。なぜなら、あなた自身は成長や変化をし続けるからです。**自分自身が全力を尽くしたという記事が書き上がったら、安心して公開してください。その積み重ねが、どんどん記事の精度や面白さ、個性を成長させていくはずです。**

心得 ⑨ 楽しさを忘れない

　最も基本であり、最も大切な要素は「楽しんで続ける」ということです。世の中にはブログの更新よりも楽しいイベントは数多くあります。お金を稼ぎたいという気持ちもたしかにモチベーションになりますが、「稼ぐ」という目的に焦点を当てすぎてしまうと思うように収益が伸びなかった際にネガティブな感情になってしまいます。

　それよりも、**あなたが発信する情報によって読者が喜んでくれる、あるいは自分の好きなことを世界に広められるという気持ちでブログを更新してみてはいかがでしょうか？**

　何度もいいますが、**報酬を増やす一番の秘訣は「継続」**です。一瞬で大金を稼げるような魔法のメソッドなどありません。**自分の好きな、得意な情報を発信し、読者に感謝され、その結果として報酬をいただく。**理想論に聞こえるかもしれませんが、この気持ちを忘れずに記事を書き続けることで結果として報酬額は増えていくのです。

反復と継続の意識を忘れない

　AdSenseで収益を上げるには集客と広告配置が重要です。魅力的な記事の書き方、アクセス数の伸ばし方については、このChapter-2で基本的なことは網羅しています。

　もし思ったように記事が書けない、アクセス数が伸びないと感じたらもう一度Chapter-2を読み直してください。まったくの初心者状態で読んだ場合と、ブログを運営したあとに読んだ場合とでは理解度が大きく変わります。

　何度も何度も経験して、再読してもらうことで得られる情報の量は変わってきます。反復と継続の意識を忘れずに、Chapter-3に進んでください。

Chapter - 3

効果的な Google AdSense の配置方法

Google AdSense で成果を上げるためには良質な記事を投稿し続け、ブログにアクセスを集める必要があります。Chapter-2 では記事の書き方やアクセスの集め方についての解説をしてきましたが、もう 1 つ大切なポイントがあります。それが「適切な広告配置」です。
「知っているけどやらない」ということと、「知らなくてできない」ということはまったく違います。知識を得たうえで自分の判断で選択できるという力を身につけましょう。

| 絶対法則 24 | 人間の目の動きを意識した広告配置を心がける |

基本的にアクセス数と広告のクリック率が高まれば高まるほど収益は拡大します。効果的な広告配置場所を理解し、自身のブログ運営ポリシーと適合させたうえで運営するブログに最適な広告位置を見つけ出しましょう。

| 重要度 | ★★★★★ | 難易度 | ★☆☆☆☆ | 対応 | HTML | 無料ブログ | WordPress |

人の目の動かし方には決まったパターンがある！

　ブログのデザインを考えるうえで読者に伝えたい内容をしっかりと見せる・伝えるためにコンテンツの配置を考えることは重要なポイントです。そのためには**人間の目の動きの特性を考慮したうえでレイアウトを組み立て、伝えたいコンテンツに視線を効率的に誘導することを考える必要があります**。

　ブログのレイアウトは見やすさや格好よさといったデザイン性もたしかに重要です。でも、読者に伝えたい内容をしっかりと見せるためコンテンツの配置を考えることはさらに大事なポイントとなります。

　あなたがブログやウェブサイトを閲覧しているとき、どのような順序で見ていますか？　大多数の人が「特に意識せず見ている」ことでしょう。しかし**人間はウェブサイトを見るときに無意識のうちに決まったパターンの目の動かし方をするといわれています**。それがZの法則やFの法則といわれる法則で、視線がアルファベットの「Z」や「F」の字のような動きをすることから名づけられています。

1 Zの法則

　広告業界（特に紙媒体）や流通業界の通説として、「Zの法則」があります。チラシなど紙面広告や、コンビニの商品陳列は左側上部から右側へ大まかに見られたあと、再度下段左側に視点を下ろし右側まで見られるといわれてきました。この視点の動きがアルファベットの「Z」を描く動きになるのでZの法則と称されています。

2 Fの法則

　次頁の画像は有名なので見覚えのある人もいるかもしれません。この画像は2006年にヤコブ・ニールセン博士が発表した研究結果の中で紹介されました。

● F-Shaped Pattern For Reading Web Content

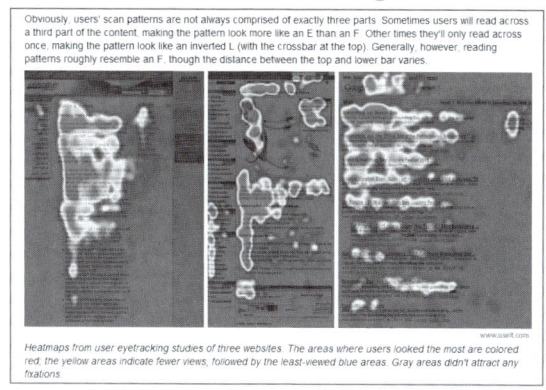

Obviously, users' scan patterns are not always comprised of exactly three parts. Sometimes users will read across a third part of the content, making the pattern look more like an E than an F. Other times they'll only read across once, making the pattern look like an inverted L (with the crossbar at the top). Generally, however, reading patterns roughly resemble an F, though the distance between the top and lower bar varies.

Heatmaps from user eyetracking studies of three websites. The areas where users looked the most are colored red; the yellow areas indicate fewer views, followed by the least-viewed blue areas. Gray areas didn't attract any fixations.

研究の内容は、ウェブサイトを閲覧したときの人の眼球の動きを追う視標追跡の実験で、232人のユーザーを対象に行われました。結果として、視点の動きがアルファベットの「F」を描くような形状になる傾向が顕著に見られました。

http://www.nngroup.com/articles/f-shaped-pattern-reading-web-content/

　なお、「Zの法則は概要を知りたいときの視点の動き」で、「Fの法則は文章を熟読・理解したいときの視点の動き」となります。ウェブサイト訪問者はページ上部のエリアを左から右へと水平に視線を移動させ、次に下へと移動しながら、コンテンツに目を通していく傾向があります。インターネット上のウェブサイトでは下にスクロールして読んでいくという特性上、上から下へと画面を遷移しながら読み、目に留まった部分は左から右にじっくりと読むわけです。

　この法則は通販大手のAmazonでも活用されています。

● Amazon.co.jp のサイト構成

トップページ

トップページは商品概要がわかりやすいように、「Z」の流れに沿って商品情報を掲載しています。

個別商品ページ

個別の商品ページはじっくりと読んでもらうことを第一に考えているので、「F」の流れに沿って詳細情報を掲載しています。

人間の特性を利用してクリック率を上げる

　人間のこの特性を利用して「F」や「Z」の線上に読んでもらいたい記事や広告などを並べることで、訪問者の目に留まる確率が高まり結果的にクリックされる確率が高くなるわけです。

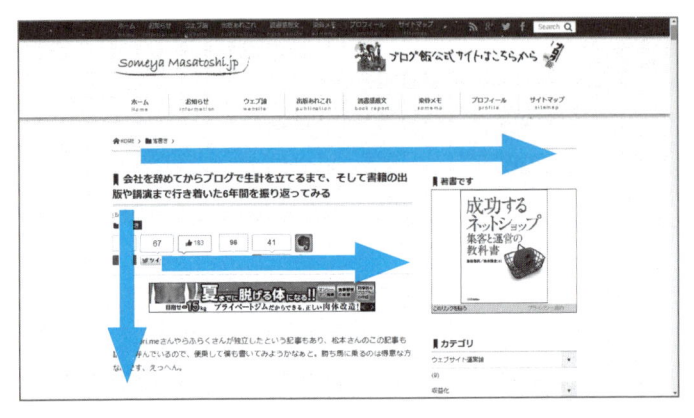

「F」の動き

私の運営するブログ「SomeyaMasatoshi.jp」でも視線の流れに沿って広告を配置しています。

「Z」の動き

「SomeyaMasatoshi.jp」のトップページは上部にお勧め記事、2段目以降から新着記事をシンプルにZ型に並べています。

Check!

1. 人の目の動きの特性を考慮したうえでレイアウトを組み立て、伝えたいコンテンツに視線を効率的に誘導する
2. 人はウェブサイトを見るときに、無意識のうちに決まったパターンの目の動かし方をする。それがZの法則やFの法則といわれる
3. Zの法則は概要を知りたいときの視点の動き
4. Fの法則は文章を熟読・理解したいときの視点の動き

絶対法則 25 収益アップには大きいサイズの広告を目立つ位置に最大数張る

広告のクリック率を向上させたい場合、まず読者に広告を見せる必要があります。適切なサイズの広告を適切な位置に配置することで読者に存在を認識させ、その広告が読者の興味関心に合致していたときにはじめてクリックしてみようという行動に変わります。

| 重要度 | ★★★★☆ | 難易度 | ★★☆☆☆ | 対応 | HTML | 無料ブログ | WordPress |

小さなサイズの広告を目立たない場所に配置していても、まったく読者の視界に入ってきません。広告のサイズと大きさに関するポイントは以下の3つです。

ポイント① 目につく位置に配置する

クリック率が高いのは記事上部と記事下部です。ここは鉄板の配置場所なので余程の運営ポリシーがないかぎり張っておきましょう。サイドバーの上部も視界に入るので悪くはないです。

最近流行しているスタイルは記事上部のレクタングル広告を配置し、その横にTwitterやFacebookなどのソーシャルボタンを配置するというものです。このスタイルはファーストビューが広告しか見えないことが多いので、読者視点で考えるとあまりいい配置ではないのかもしれません。しかし、効果は出ているようなので運営者の考え方で決めていただければいいのかと思います。ただしファーストビューが広告しか見えていないとプログラムポリシー的には違反となります。

あわせてFacebookやTwitterなどのソーシャルボタンについても誤クリックが発生しないよう、広告に近すぎる配置は控えておきましょう。このあたりは自分自身の運営ポリシーと照らしあわせて判断してください。

ポイント② 大きいサイズを張る

とにかく大きな広告を張ってください。Googleが推奨しているサイズは300×250 - レクタングル、336×300 - レクタングル（大）、728×90 - ビッグバナー、160×600 - ワイドスカイスクレイパー、320×50 - モバイルバナー

の5種類ですが、個人的にはPC向けにはメインカラム側に300×250 - レクタングル、336×300 - レクタングル（大）、728×90 - ビッグバナー、サイドカラム側に300×600 - スカイスクレイパー（大）の配置がお薦めです。スマートフォン向けには記事上部に320×100 - ラージモバイルバナー、記事下部に300×250 - レクタングルがお勧めです。

　レクタングルに関しては、目立つサイズはもちろん大きな336×300 - レクタングル（大）なのですが、スマートフォン向け広告の増加により（大）よりも300×250 - レクタングルの広告在庫が多くなっているようです。配信される広告は同サイズ広告内のオークションで決まるので、在庫が多い＝競争により広告単価が上がるということなり、1クリックあたりの報酬額がレクタングルのほうが大きくなる可能性が高そうです。

　また、レスポンシブウェブデザインのテンプレートを使用している場合は、レクタングルであればスマートフォンで表示した際にもレイアウトを崩すことなく表示されるので、現状はレクタングルのほうがお勧めといえるかもしれません。
　レスポンシブウェブデザインに対応した広告ユニットも提供されているので、ブログのシステムによって利用を検討してみてもいいでしょう。

> ●レスポンシブ広告ユニットについて
> https://support.google.com/adsense/answer/3213689?hl=ja

ポイント③ 最大数を張る

　基本的に1ページに広告ユニットは3つまで掲載できます。1つあるいは2つしか配置していない人はレイアウトを再考して3つまで張りましょう。
　忘れがちなのがリンクユニットと検索ユニットです。リンクユニットは3つ、検索ユニットは2つまで配置できます。リンクユニットも検索ユニットも収益を上げてくれるので、最低1つは配置しておきましょう。
　リンクユニットはブログタイトルの下や、サイドバーに配置すると効果的です。検索ユニットはブログヘッダー部分や、サイドバー下部に配置しておくと読者の利便性が高まるのでお勧めです。
　具体的配置事例については 絶対法則27 （111項参照）以降で解説します。

Check!
1. クリック率が高いのは記事上部と記事下部
2. とにかく大きなサイズの広告を張る！
3. 1ページに広告ユニットは3つ、リンクユニットは3つ、検索ユニットは2つまで掲載可能
4. 広告が多すぎて記事本文が読みにくくないか第三者にチェックしてもらう

コラム

読みやすさと収益向上のバランスを考える

　前項で広告配置の原則について述べました。たしかに広告を目立つ場所に配置することで収益は向上します。しかし、広告を目立たせすぎることによって本来読んでもらいたいコンテンツが読みづらくなってしまう可能性も発生してしまいます。特にレクタングル広告は目立ちますが、その分、コンテンツをページ下部に押し下げてしまうため、本文にたどり着くまでにページをスクロールさせる必要も出てきます。広告を中心に考えているわけですから当然の現象です。訪問者も広告ばかりが目立って、なかなか知りたい情報にたどり着けないようなブログを毎日読みにいきたいと思うでしょうか？　そこで読者の視点と、収益最大化の視点のバランスを取る必要が出てくるわけです。

- 読者の事を考えるのであれば、できるだけコンテンツ（文章）を読みやすいエリアに
- 収益最大化をねらうのであればできるだけ目立つ場所に数多くの広告を配置する

　この背反する要素を高い位置でバランスを取らせることで、収益を最大化させることができます。バランスについては個人個人の運営方針があるので何が正解とはいえません。また、自分の視点だけでは気づかないことも多いものです。友人知人などの第三者に見てもらい「読みさすさ」「広告が鬱陶しくないか」など聞いてみるのもいいでしょう。
　この章の最初にも書きましたが、「知っているけどやらない」ということと、「知らなくてできない」ということはまったく違います。特に広告の配置場所は多くの人が悩むポイントです。自分自身でテストを重ねたり、他人の意見を聞いてみたりして最善と思われる配置場所を見つけ出しましょう。

絶対法則 26 広告とコンテンツを馴染ませる

テキスト広告の場合、広告の背景色やテキスト、リンクの色をブログの設定にあわせた配色にすることで読者の違和感を軽減し、クリックしてくれる傾向が高まります。

重要度 ★★★★★　難易度 ★☆☆☆☆　対応　HTML　無料ブログ　WordPress

インターネットの歴史上、リンクは青色が鉄則

　テキスト広告の場合、広告の背景色やテキスト、リンクの色をブログの設定にあわせた配色にすることで読者の違和感を軽減し、クリックしてくれる傾向が高まります。

1 広告リンクの色は青色が鉄則

　背景色が白（#FFFFFF）のブログであれば、広告の背景色も白に、文字の色が黒（#000000）であれば広告の文字も黒にしておくことで、広告がブログに馴染みます。なお、広告リンクの色は青（#0000FF）にしておくといいでしょう。

　今までのインターネットの歴史上、リンクは青で表示されることが主流でした。結果として、私たちは青い文字はリンクだと自動的に認識するようになっています。広告リンクの色をピンクやオレンジにしてもかまいませんが、特にこだわりがないのであれば初期設定のままの青にしておきましょう。もし、青以外の色を使いたいのであれば緑系（#008000）がいいでしょう。緑系の色は人に安心感を与えるといわれているので、落ち着いた配色に感じられます。

2 色が多すぎてわからない場合はデフォルト（初期状態）を選択

　もし色が多すぎてどうしたらいいかわからなくなった場合（背景が白のブログなのであれば）、基本的にはデフォルトの広告スタイル（カラー）にしておきましょう。Googleがなぜそのカラースタイルにしているのかということを考えてみると、おそらく数々のテストの結果としてそのカラーリングが読者のクリック数を最大化させる可能性が高いからですよね。

> **参考**
> Xperia 非公式マニュアルでは基本的に以下のような広告色を設定しています。
> - 枠線：白か薄めの色。基本的にブログの背景色にあわせて決定
> - タイトル：テキストリンクの色（#0000FF）にあわせている
> - リンク：青（#0000FF）か緑系（#008000）
> - テキスト：グレー系（#666666）を主に使用しブログの文字色に適合させる

　ただし、長期間運営していてリピーターが多いウェブサイトの場合、広告の張ってある場所を読者は知っているためクリック率が下がる傾向があります。そんなときは基本から外れてカラーの変更をしてみましょう。単純ですが比較的効果が上がりやすい（クリック率が戻りやすい）変更方法として、広告タイトルとリンク色を入れ替える方法があります。あるいはサイトの背景に対して引き立つ色を選択する施策もあります。ただし、目立たせるといっても、ブログ訪問者は見た目が不快な広告はクリックしません。コンテンツの邪魔にならない程度にユーザーの注意を引きつけられるような適度なバランス感覚が必要です。**自分自身でカラーを確認してみて、不快に感じないような広告の配色を心がけてください。**

コラム

カラーコードの調べ方

　ライブドアブログでは、デザイン / ブログパーツ設定＞ PC ＞カスタマイズ＞ CSS から、ブログ内のテキスト／リンクの色などを確認することができます。

ほかのブログでもCSSを見ることで配色を確認することができるので、カラーコードを知りたい場合はまずCSSを見てみましょう。
　もしFirefoxブラウザやChromeブラウザを利用しているのであれば、ColorZillaという拡張機能をインストールすることで使用されているカラーコードを簡単に知ることもできます。

● **ColorZilla**
http://www.colorzilla.com/

　また、カラーコード自体を解説しているウェブサイトもあります。もし自分のブログの文章の色やリンクの色を考えているのであれば、このようなウェブサイトを活用して調整してみましょう。

● **カラーパレット／検索エンジングッドサーチ**
http://goodsearch.jp/ut3/color1.html

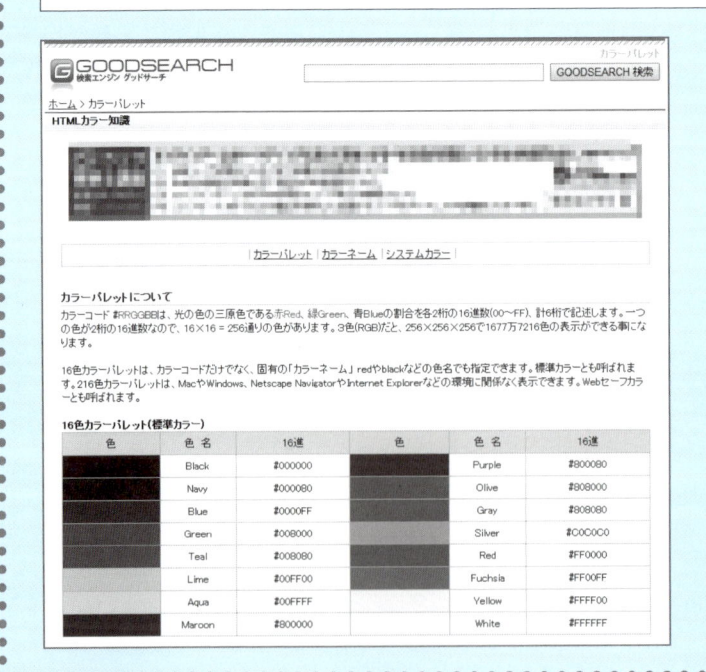

絶対法則 27 効果的な AdSense 配置事例 － PC 向け I －

絶対法則24（102頁参照）で人間の視線の動きをもとにした一般的な広告配置位置について説明しましたが、ここでは具体例として実際に私が利用している配置をもとにして解説していきます（ブログの事例は2014年5月1日現在のデザインで解説しています）。

| 重要度 | ★★☆☆☆ | 難易度 | ★☆☆☆☆ | 対応 | HTML | 無料ブログ | WordPress |

Xpeira非公式マニュアル (http://someya.tv/xperia/)

● トップページ上部

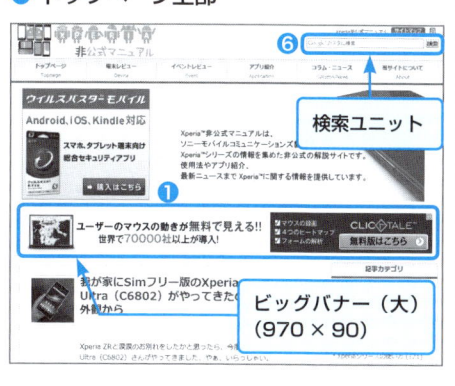

❶ 検索ユニット
ビッグバナー（大）(970 × 90)

● トップページ下部

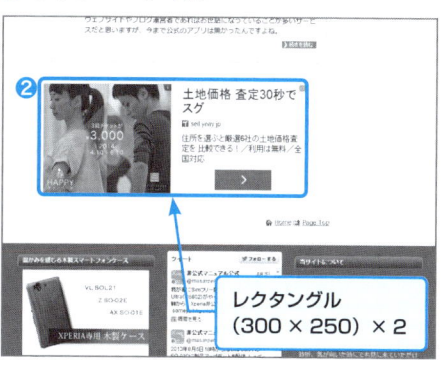

❷ レクタングル (300 × 250) × 2

● 個別記事上部

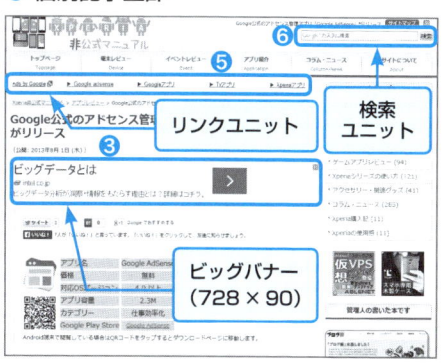

❸ 検索ユニット
❺ リンクユニット
ビッグバナー (728 × 90)

● 個別記事下部

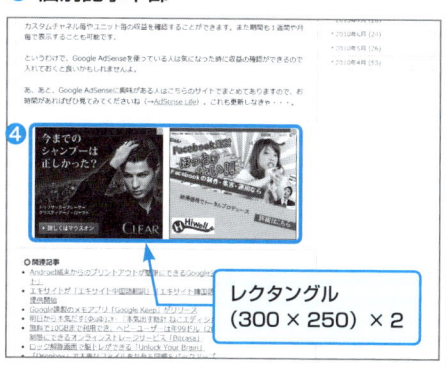

❹ レクタングル (300 × 250) × 2

AdSense広告はトップページや個別記事あわせて6カ所に配置しています。

3 効果的な Google AdSense の配置方法

> **AdSense 配置場所**
> ❶ トップページ上部 ビッグバナー（大）（970 × 90）
> ❷ トップページ下部 レクタングル（300 × 250）を２つ
> ❸ 個別記事上部 ビッグバナー（728 × 90）
> ❹ 個別記事下部 レクタングル（300 × 250）を２つ
> ❺ トップページ＆個別記事上部リンクユニット（728 × 15）
> ❻ トップ／個別記事共通ヘッダー横　検索ユニット

ビックバナーの視認性は抜群

　なお、収益の大きい順序は ❸ ＞ ❹ ＞ ❶ ＞ ❺ ＞ ❷ ＞ ❻ の順となっています。検索ユニットは訪問者の利便性を高めるという要素で配置しているので決して多い収益ではありませんが、純正の機能で提供されているブログ内検索を配置するよりも収益が上がる可能性があるので設置しています。

　ビックバナーはブログの横幅が728ピクセル以上ないと配置できないので、すべてのブログが導入できるわけではないですが視認性は抜群です。縦幅も90ピクセルと控えめなサイズなので、本文を押し下げすぎないバランスが気に入っています。

　以前は個別記事下にもビッグバナーを配置していたのですが、テストの結果レクタングルを２つ並べたほうが収益性が高かったので現在はこのようなレイアウトにしています。

> **Check!**
> ❶ ビッグバナーとレンタングルは視認性が高い
> ❷ ビックバナーはブログの横幅が 728 ピクセル以上ないと配置できないが視認性は抜群
> ❸ 個別記事下にはレンタングルを２つ配置

絶対法則	効果的な AdSense 配置事例
28	－ PC 向け II －

レクタングルを上手に活用した事例です。トップページにはサイドバーと中央部に広告を配置し、個別記事には上部にレクタングルとソーシャルボタンを配置している点が特徴的なレイアウトになっています。

| 重要度 | ★★★★☆ | 難易度 | ★★☆☆☆ | 対応 | HTML | 無料ブログ | WordPress |

ノマド的節約術 (Hiroki Matsumotoさん運営：http://nomad-saving.com/)

● トップページ右サイドバー

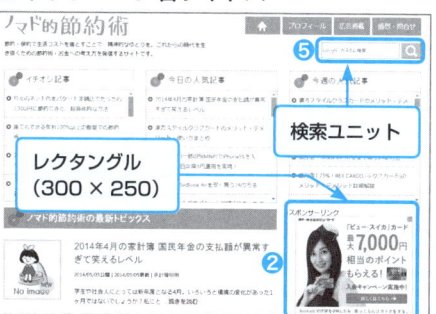

- レクタングル (300 × 250)
- 検索ユニット
- ❷

● トップページ中央部

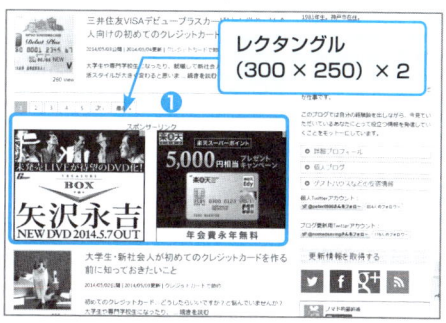

- レクタングル (300 × 250) × 2
- ❶

● 個別記事上部

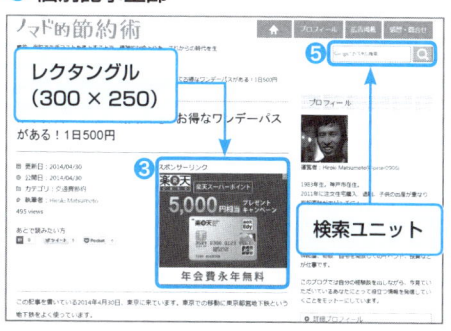

- レクタングル (300 × 250)
- ❸
- 検索ユニット

● 個別記事下部

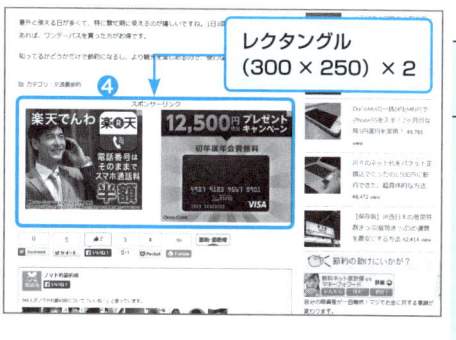

- レクタングル (300 × 250) × 2
- ❹

AdSense広告はトップページや個別記事あわせて5カ所に配置しています。

3 効果的な Google AdSense の配置方法

> **AdSense 配置場所**
> ❶ トップページ中央部 レクタングル（300×250）を2つ
> ❷ トップページ右サイドバー レクタングル（300×250）
> ❸ 個別記事上部 レクタングル（300×250）
> ❹ 個別記事下部 レクタングル（300×250）を2つ
> ❺ トップ／個別記事共通ヘッダー横　検索ユニット

レクタングルの扱いが特徴的

　特徴的なのは記事上部に配置してあるレクタングルの扱いです。右側に公開日やカテゴリ、SNSに拡散しやすいようソーシャルボタンを配置するなど、訪問者の利便性を高めつつAdSense広告を配置しています。この**ソーシャルボタンとレクタングル広告の組みあわせもよく利用されるパターン**になっています。

⚠ 法人サイトのレイアウトを研究してみる

　このサイドバー＆記事下レクタングル（2つ）の配置はライブドアニュースやYahoo!ニュースなどの大手ポータルサイトでも採用されており、それだけ効果が見込めるレイアウトとして広く使われています。

　法人が運営しているウェブサイトは1円でも多く収入を得るために、収益の最大化を見込める広告配置を日々テストしています。**法人サイトと個人ブログの形態の違いがあるので同じ結果が生まれるとはかぎりませんが、1つの参考事例として法人サイトの広告配置を参考にするのは決して悪い考えではありません。**

　自分が運営するブログに、法人サイトのレイアウトを参考にして広告の配置を行い効果の検証をしてみましょう。変更前よりも効果が出ていればしばらくその配置を続けるべきですし、効果が下がったのであれば旧レイアウトに戻しましょう。**仮説を立てて検証してみるということが、収益を最大化させるために重要なポイントとなります。**

> **Check!**
> ❶ ソーシャルボタンとレクタングル広告の組みあわせが参考になる
> ❷ サイドバー＆記事下レクタングル（2つ）の配置は大手ポータルサイトでも採用されている
> ❸ 大手ポータルサイトを研究し自分が読みやすいと思った配置を取り入れるのもよい施策

絶対法則 29 効果的な AdSense 配置事例 － PC 向け Ⅲ －

こちらもレクタングルの活用事例で、個別記事内に広告を配置している点が特徴的です。本文中に広告を挿入することで、読者の視野に自然と広告が入ります。記事と関連性が高い広告が配信されることで、クリック率の向上も見込めます。

| 重要度 | ★★★★☆ | 難易度 | ★★☆☆☆ | 対応 | HTML | 無料ブログ | WordPress |

わかったブログ（かん吉さん運営：http://www.wakatta-blog.com/）

● トップページ
- ❼ 検索ユニット
- ❶ レクタングル（300 × 250）

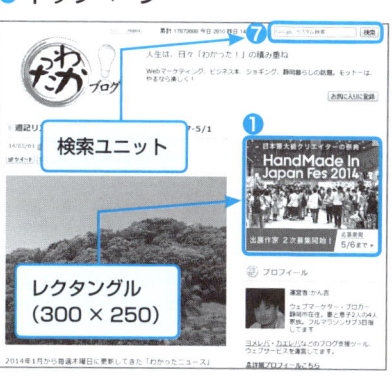

● トップページ中央部
- ❸ レクタングル（大）（336 × 300）
- ❷ リンクユニット

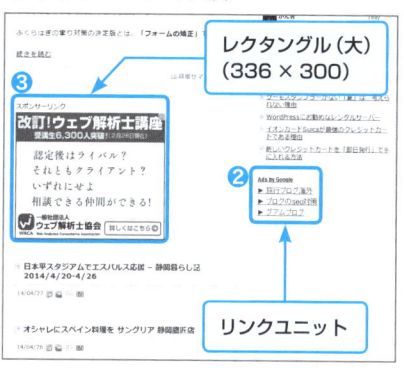

● 個別記事中央部
- ❺ レクタングル（大）（336 × 300）

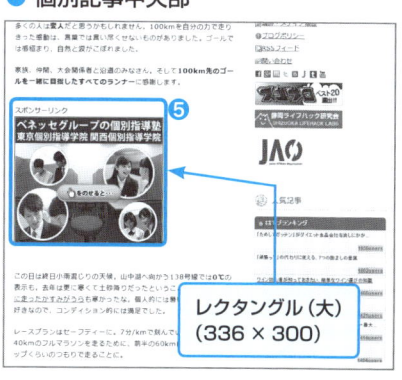

● 個別記事下部
- ❻ レクタングル（大）（336 × 300）

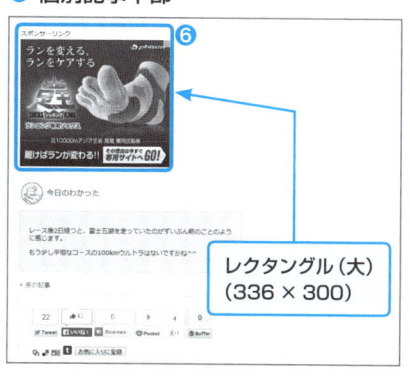

AdSense広告はトップページや個別記事あわせて7カ所に配置しています。

3 効果的な Google AdSense の配置方法

> **AdSense 配置場所**
> ❶ トップページ／個別記事共通右サイドバー上部レクタングル（300×250）
> ❷ トップページ／個別記事共通右サイドバー下部 リンクユニット
> ❸ トップページ中央部 レクタングル（大）（336×300）
> ❹ トップページ下部 レクタングル（大）（336×300）
> ❺ 個別記事中央部 レクタングル（大）（336×300）
> ❻ 個別記事下部 レクタングル（大）（336×300）
> ❼ トップ／個別記事共通ヘッダー横　検索ユニット

横幅の小さいレイアウトでも活用できる

　記事上部に広告を配置せず、文章を読み進めていった個所に1つ、読み終わりに1つという流れでAdSense広告を見てもらう形式になっています。また、**サイドバーにリンクユニットを配置することで、コンテンツの一部として認識されるようになっています。**

　この配置方法ならば横幅の小さいレイアウトでも活用できるので、自分のブログデザインにあわせて調整してみましょう。
　ただ注意点として、記事内の広告は読者の勘違いによる誤クリックを誘発する可能性もあるので、広告上部に「スポンサードリンク」や「広告」といった、このバナー（テキスト）は広告だとわかるフレーズを載せておきましょう。

> **Check!**
> ❶ 文章の途中に1つ、読み終わりに1つなど横幅の小さいレイアウトに効果的な配置
> ❷ サイドバーにリンクユニットを配置することで、コンテンツの一部として認識されやすい
> ❸ 本文と広告の違いを認知させるため、「広告」等のテキストを載せる

絶対法則
30 効果的な AdSense 配置事例
－ハイエンド端末（スマートフォン）向け－

もはやスマートフォン対応は必須の項目となっています。訪問者の半数以上がスマートフォンからの閲覧というブログも珍しくありません。もちろんGoogle AdSense にもスマートフォン専用の広告が用意されており、スマートフォンに最適な広告配置も存在します。

| 重要度 | ★★★★☆ | 難易度 | ★★☆☆☆ | 対応 | HTML | 無料ブログ | WordPress |

スマートフォン広告配置の鉄則

● トップページ上部

● トップページ下部

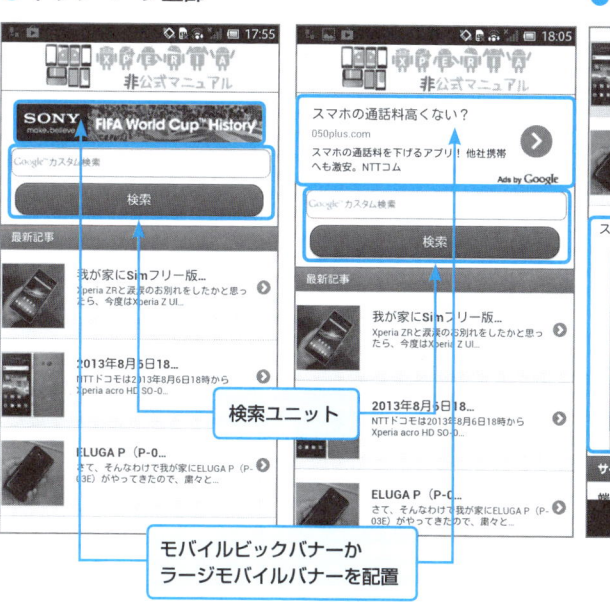

検索ユニット

モバイルビックバナーか
ラージモバイルバナーを配置

レクタングル

　ブログの上部（タイトル下）あたりにはモバイルビックバナーか、ラージモバイルバナーを配置しましょう。Chapter-5 で詳細は解説しますが、レクタングルを上部に配置すると、「コンテンツを押し下げる」という項目で規約違反となります。現状はモバイル系のバナーを張っておきましょう。

またレスポンシブウェブデザインのブログであればレスポンシブ広告ユニットでもかまいません。レスポンシブ広告ユニットはブログの横幅を感知し、最適だと思われるサイズの広告を自動的に配信してくれます（ほぼモバイルビッグバナーになる印象です）。

　スマートフォン向けのレイアウトにも広告ユニットは3つまで掲載できるので、ブログ中央部や下部に1つずつレクタングルを配置しましょう。ただし、広告感が強すぎると感じたらどちらか一方でもかまいません。こちらもChapter-5 で詳しく解説しますが、1画面に2つの広告ユニットが表示されると読者に優しくないレイアウトになるため、一定の間隔を開けたうえで広告を設置しましょう。

● 個別記事上部　　　● 個別記事中央部　　　● 個別記事下部

モバイルビックバナーか
ラージモバイルバナーを配置

レクタングル

　トップページと同様に上部にモバイルビックバナーか、ラージモバイルバナーを配置しましょう。記事中央部にレクタングル、そして記事下にレクタングルを配置することで収益の最大化を見込めます。
　記事中央部・下部の広告ユニットの上には念のため「スポンサードリンク」や「広告」という文字を入れておきましょう。これはGoogleの推奨する方法でもあり、読者の誤クリックを防ぐねらいもあります。こちらも広告感が強いと感じたら、記事中央部の広告ユニットは外してもかまいません。

ライブドアブログのスマートフォン対応について

ライブドアブログの場合、有料プランに申し込むことでスマートフォン向けに独自広告（Google AdSense等）を挿入することができます。

● ライブドアブログ／有料プランガイド
http://blog.livedoor.com/guide/plan.html

● livedoor Blog プラン比較表

	FREE	PRO	ADVANCE	PREMIUM	PURE
価格（多様な支払い方法に対応）	無料	315円/月	840円/月	1,890円/月	945円/月
ケータイ・スマートフォン版の広告非表示	×	×	×	×	○
PC版記事下広告の非表示※1	×	○	○	○	○
ヘッダー/サイドバーのlivedoorロゴ非表示※2	×	×	×	○	○
独自ドメイン設定※3	×	○	○	○	○
サブドメイン設定※4	2種類	18種類	18種類	18種類	18種類
FTPアクセス利用可能容量※5	3MB×15	100MB	300MB	500MB	500MB
ブログデータ容量※6	10GB	無制限	無制限	無制限	無制限
スマートフォン版のユーザー独自の広告の掲載可能本数※7	0本	1本	2本	3本	0本
アフィリエイトの利用※8	○	○	○	○	×
Amazon・楽天アフィリエイトID自動設定※9	×	○	○	○	×
有料プラン用デザインテンプレート※10	×	○	○	○	○

　最初から有料プランで運営開始してもかまいませんが、まずは無料ではじめてPC版で一定の成果（目安として月額300円以上）を上げることができるようになってから有料プランに移行しても決して遅くはありません。自分（ブログ）の成長に比例して課金していくことで、リスクを最小限に抑えたブログ運営を行うことができます。

　なお、スマートフォン用の表示画面で広告を3つ挿入したい場合は月額1,890円の費用がかかるので、最低限月額2,000円の報酬を安定して得られるようになってから申し込みましょう。

絶対法則
31 効果的な AdSense 配置事例
－フィーチャーフォン
（従来の携帯電話）向け－

スマートフォンに押されて従来のモバイルサイトの影が薄くなっていますが、今でもフィーチャーフォンは利用されています。フィーチャーフォン利用者向けの対応をすることにより、収益を生むことができます。

重要度 ★★☆☆☆　難易度 ★★☆☆☆　対応 HTML 無料ブログ WordPress

時間コストを比較して導入するか判断しよう

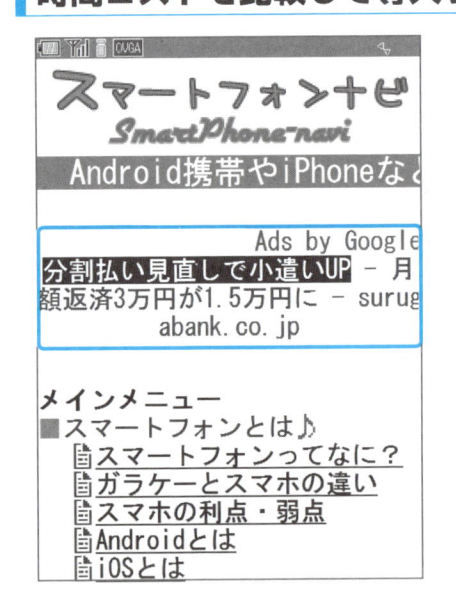

モバイル広告の場合、シングル／ダブルの２種類しか配信されていないことと、1ページに張れる広告の数は１つだけということでパターンはかぎられてきます。**上部にはシングル、下部にはダブルという配置が一般的**です。

しかしながら、ブロードバンド化によって画像が多用されているようなブログは、フィーチャーフォンのブラウザで閲覧することは非常に厳しくなっています。**フィーチャーフォン対応させる収益と、自分自身の手間（時間コスト）を比較し**てやるかやらないか決めましょう。

絶対法則 32　効果的ではない AdSense 配置事例 − PC 向け −

絶対法則27 〜 絶対法則31 までは効果的な広告配置位置について解説してきました。ここでは効果が出なかった（出にくかった）広告配置位置についても説明していきます。

重要度 ★★★☆☆　難易度 ★★★☆☆　対応 HTML 無料ブログ WordPress

一番目につきやすいヘッダー部分にあるとどうなる？

よく「上部」や「訪問者の目につきやすいところ」に広告を掲載するといいという解説がありますが、一番目につきやすいヘッダー（タイトル）部分に広告を掲載してみると果たしてどうなるのでしょうか？

● ヘッダー部分に広告を掲載

ヘッダー部分とは上の画像で青く塗りつぶしてある個所になります。実際に私が1カ月程度、ブログのロゴ横に広告を張ってみました。**結果は低調なクリック率となりました。**

なぜ一番目立つ場所のはずなのにこんなにクリック率が低いのでしょうか？
これには2つの原因があると思います。

> ❶ あまりにも「押しつけ」感が強く、訪問者が嫌気をさしている可能性がある
> ❷ ウェブサイトを開いた瞬間、訪問者の視線が下部のコンテンツに動いてしまい、そもそも広告が目に入っていない

全体の収益額に影響が出てしまう

　さらにもう1つ、最上部に張られている広告のクリック率が低いと全体の収益額に大きなインパクトを与える可能性があります。
　AdSenseの特性として、一番はじめに読み込まれた広告ユニットから順に単価の高い広告が配信されています。つまり、ヘッダー部分に広告を張るということはクリック率が低い場所に単価の高い広告が配信されている可能性があるということです。基本的にサイトのヘッダー位置は最初に広告コードが読み込まれるので、ヘッダーに配置されている広告が一番単価が高いことになります。

　例えば1クリック100円の広告が配信されていたとしても、クリック率が0.1%だったとしたら1,000PVで収益は100円です。その下、例えば個別記事上部の広告ユニットは2番目に読み込まれるので広告単価は50円、クリック率は0.5%ならば1,000PVで収益は250円です。もし記事上広告が1つ目に配信されていたとしたら100円×0.5%×1,000PV＝500円になります。
　AdSenseの収益は「ページビュー数×広告ユニットの配置位置×広告のサイズ×ブログテーマ」でほぼ決まってきます。だからこそ、要素の1つである配置位置をテストして一番効果的な場所に配置することが重要なのです。

　いずれにせよ、AdSenseの広告ユニットを張ることができる個数はかぎられているので（1ページにつき3つ）、効果の薄いエリアの広告は削除して効果的なレイアウトを検証してみましょう。

> **注意**
> 　必ずしもすべてのブログで上部ヘッダー横のクリック率が低いとはかぎりません。大切なことは仮説を立てて検証するということです。もし収益性が非常に高いのであれば喜ばしいことです。そのままの配置にしておいて大丈夫です。

絶対法則 33 リンクユニットと検索ユニットも活用しよう

縁の下の力持ち的に収益を下支えする「リンクユニット」と「検索ユニット」。決して大きな収益ではありませんが、ブログ内に上手に配置することで収益の増加を見込めます。特に検索ユニットは、ブログ内の回遊性を高める効果もあるので活用しましょう。

| 重要度 | ★★★★★ | 難易度 | ★★★☆☆ | 対応 | HTML | 無料ブログ | WordPress |

活用している人が少ないが大事な収益源

　広告ユニットはしっかりと最大数（3つ）を張っているブログは多くあります。しかし、リンクユニット、検索ユニットを活用しているブログはまだまだそれほど多くはないようです。

⚠ リンクユニット

　リンクユニットは 絶対法則27 （111頁参照）の「Xperia非公式マニュアル」の事例のように上部メニューと本文の間、絶対法則29 （115頁参照）の「わかったブログ」の事例のようにサイドバーに配置することで、大きな違和感なくブログ内に溶け込ませることができます。

● 上部メニューと本文の間に配置　　● サイドバーに配置

大きな違和感なくブログ内に溶け込ませることができる！

⚠ 検索ユニット

　検索ユニットはヘッダー近辺のブログ上部に1つ、サイドバーや記事下のブログ下部に1つ設置しておくといいでしょう。ブログ内検索の用途にも使えて読者の利便性を高めるとともに、収益にも繋げることができます。

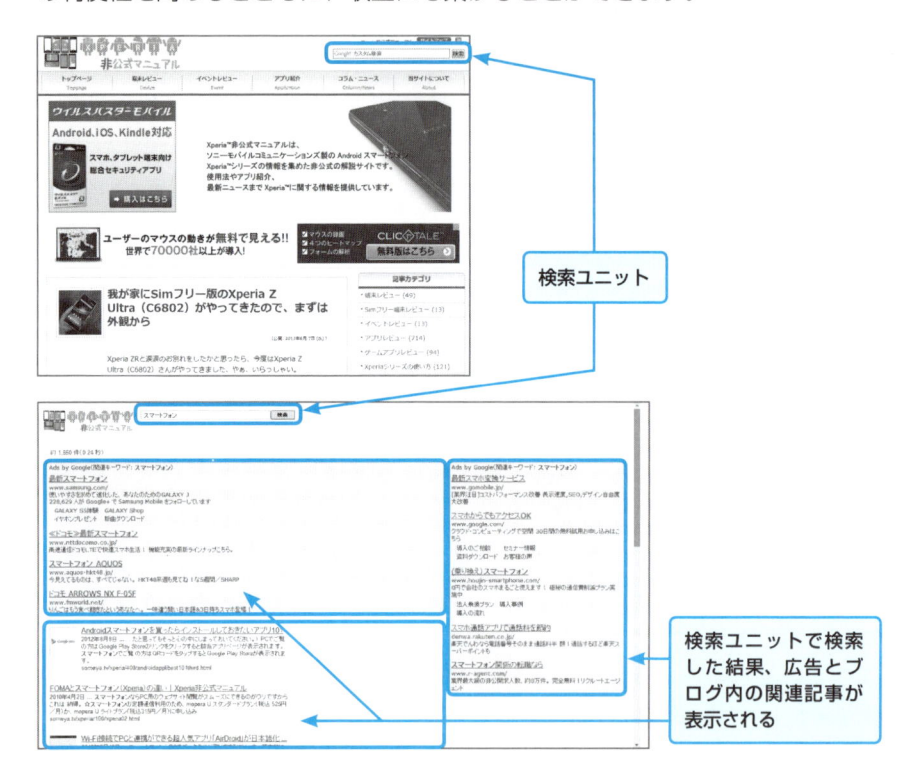

検索ユニット

検索ユニットで検索した結果、広告とブログ内の関連記事が表示される

ちりも積もれば……

　一つひとつのユニットの効果は微々たるものかもしれませんが、毎日、1つの記事ごとに積み重なれば、1カ月後、1年後には大きな違いになって現れます。記事の読みやすさと、広告の配置場所のバランスを考えたうえで、自分のブログにとって最適なスタイルを見つけ出しましょう。

Check!
1. リンクユニット、検索ユニットを活用しているブログは少ない
2. 一つひとつの広告からの収益は小さくても、1カ月後、1年後には大きな違いになってくる

Chapter - 4

レポートの分析による広告とコンテンツの最適化

適切な位置に広告を張り終えたら、ひとまず3カ月ほど様子を見ましょう。ブログを開始して1〜2カ月ではほとんど成果は上がっていないはずですが、3カ月、半年と更新を続けていくとだんだん収益が発生しはじめるはずです。ある程度データがたまってきたら、状況の分析および検証を行うことが重要になります。

絶対法則 34 収益レポートの確認方法

Google AdSense の管理画面からはいろいろな情報を得ることができます。このデータを確認しながら、一つひとつ仮説を立てて検証に移していきます。仮説・検証のポイントは施策をひとつずつ試すということです。

重要度 ★★★★★　難易度 ★☆☆☆☆　対応 HTML　無料ブログ　WordPress

「パフォーマンスレポート」の項目からデータの確認

　複数の施策を同時に行ってしまうと、どの施策が有効だったのかを確かめることができません。改善を1つ施したら1～2週間程度は様子を見て、データを収集しましょう。効果が出ていればそのまま継続し、出ていないようであれば別の施策のトライをしていきましょう。

　Google AdSenseでは管理画面上部の「パフォーマンスレポート」の項目からデータの確認ができます（注：Google AdSenseの管理画面を公開するのは規約違反に該当するので、数字が表示されている部分はモザイク処理をしてあります。ご了承ください）。

●パフォーマンスレポート

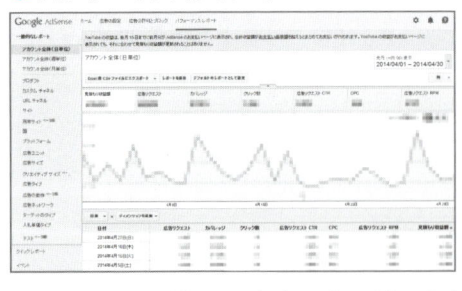

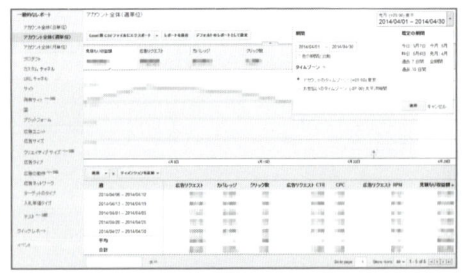

　データの集計期間は右上で変更ができます。運用当初は広告リクエスト数や収益額もそれほど大きくないはずなので、集計の単位は「週単位」（左側メニュー）で表示させると変化が確認しやすいと思います。

　まず確認しておきたいデータは上記の週単位レポートと次から説明する4つのレポートです。

> **4つのレポート**
> ❶「プロダクト」レポート
> ❷「カスタムチャネル」レポート
> ❸「プラットフォーム」レポート
> ❹「広告タイプ」レポート

それでは順を追って説明していきましょう。

1 「プロダクト」レポート

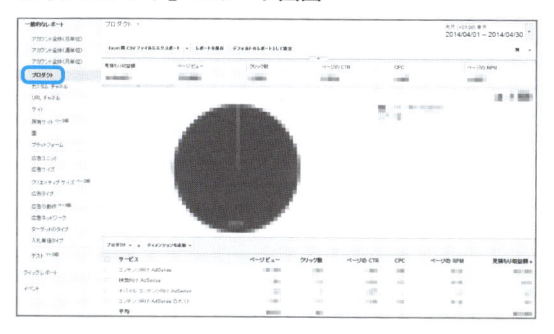

「プロダクト」レポートは、**広告ユニットの種別ごとのデータを表示**します。基本的にコンテンツ向けAdSense（PC・スマートフォン向け広告ユニット／リンクユニット）がほとんどを占めるかと思いますが、検索向けAdSenseやモバイルコンテンツ向けAdSenseのデータも表示されるのでしっかり確認しておきましょう。なおコンテンツ向けAdSenseのホストという項目はYouTubeからの収益を指しますが、2014年6月現在、YouTubeは独自の管理画面を持っており、そちらの収益額が正規の報酬となります。

● 「プロダクト」レポート画面

2 「カスタムチャネル」レポート

「カスタムチャネル」レポートは、**任意で設定したチャネルごとの成果を確認**することができます（カスタムチャネルの設定方法については137頁の 絶対法則38 で解説します）。

例えば「記事上部」「記事中央部」「記事下部」「サイドバー上部」というチャネルを作成して計測することにより、どこの場所が一番クリックされ収益に直結しているかを分析することができます。

●「カスタムチャネル」レポート画面

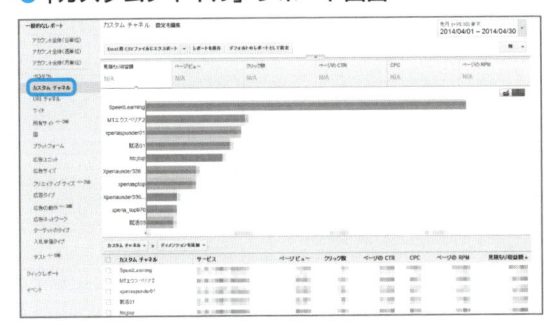

3 「プラットフォーム」レポート

　「プラットフォーム」レポートは、**パソコンからの閲覧が多いか、それともハイエンド携帯端末（スマートフォン）、タブレットからの閲覧が多いか**というデバイス別のデータが表示されます。特に最近では**スマートフォンからのアクセスが50%を超えるブログ**も多くなっています。

　もし、あなたのブログもスマートフォンからのアクセスが半数近くになっているようであれば、スマートフォンへの最適化を検討する必要があります。

●「プラットフォーム」レポート画面

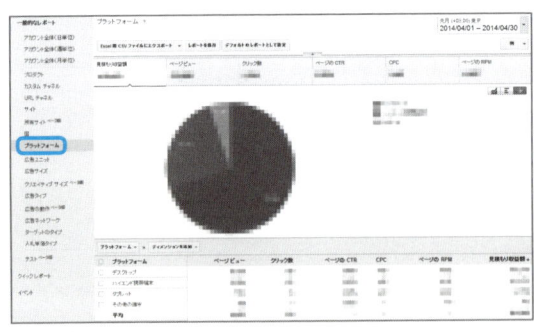

4 「広告タイプ」レポート

　「広告タイプ」レポートは、**テキスト広告かそれ以外かのデータを確認**できます。画像、リッチメディア、Flashなどの項目はディスプレイ広告に属します。基本的にクリック率が高いのはテキスト広告、1クリックあたりの収益額が大きいのがディスプレイ広告になっています。テキスト広告とディスプレイ広告の表示指定をすることで、どちらか一方の表示にすることも可能です（変更方法は132頁の 絶対法則36 で解説します）。

● 「広告タイプ」レポート画面

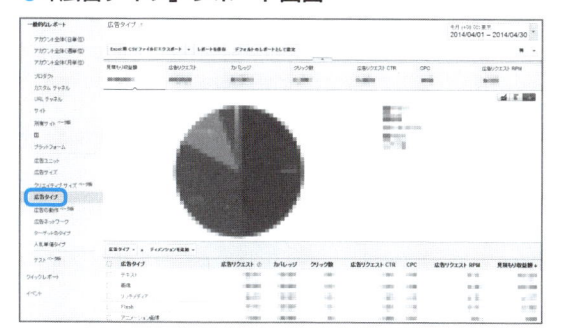

Check!

1. 確認しておきたいデータは週単位レポートと4つのレポート
2. 「プロダクト」レポートは広告ユニットの種別ごとのデータを表示
3. 「カスタムチャネル」レポートは任意で設定したチャネルごとの成果を確認することができる
4. 「プラットフォーム」レポートはデバイス別のデータを確認することができる
5. 「広告タイプ」レポートは、テキスト広告かそれ以外かのデータを確認することができる

コラム

CTR と CPC

CTR も CPC も広告のインターネット広告の効果を測定する指標の1つです。

CTR …… Click Through Rate（クリック・スルー・レート）の略で、広告がクリックされた割合を表します。CTR は、広告のクリック数÷インプレッション（広告の表示回数）で算出することができます。

CPC …… Cost Per Click（コスト・パー・クリック）の略で、1 クリックあたりの単価を表します。CTR は、収益額÷広告のクリック数で算出することができます。

CTR を向上させるためには広告の配置を最適化する必要があり、CPC を向上させるにはクリック単価の高い広告を配信してもらう必要があります。広告は位置については Chapter-3 で解説しましたので、本章では CPC を向上させるための配置施策を重点的に解説します。

絶対法則 35 コンテンツ ターゲットとインタレスト ベース ターゲティング広告を活用する

Google AdSenseには記事のテーマに沿った広告が配信されるコンテンツ ターゲット広告と、訪問者の嗜好に適合した広告が配信されるインタレスト ベースターゲティング広告があります。両広告の特性や良し悪しについて解説します。

重要度 ★★★☆☆　難易度 ★★☆☆☆　対応 HTML 無料ブログ WordPress

訪問者の興味がある広告を表示させるインタレスト ベース ターゲティング広告が増加傾向に

　従来、Google AdSenseはコンテンツ ターゲット広告がメインでウェブサイトの内容に関連した広告が自動表示されていましたが、現状はインタレスト ベース ターゲティング広告という配信方法も取り入れられています。

　インタレスト ベース ターゲティング広告とは、ウェブサイト訪問者の興味があると思われる内容の広告を表示させる配信形式です。

　例えば海外旅行の事を調べていると、訪問するウェブサイトのほとんどで海外旅行に関する広告が表示されることってありますよね。要はこれがインタレスト ベース ターゲティング広告です。

どちらが成果を上げやすいのか？

　では、インタレスト ベース ターゲティング広告とコンテンツ ターゲット広告のどちらが成果を上げやすいでしょうか。**私の個人的な感覚ですが、インタレストベース広告のほうが、クリック率やクリック単価は高い傾向があります。**

　Googleの広告配信に関する基本的な考え方は一番効果が高いと思われる広告を配信するというしくみになっているため、結果的に効果が高いのだといえるでしょう。

　デフォルト（初期状態）ではインタレストベース広告機能はONになっているので、特に大きな理由がなければそのままの状態にしておいたほうがいいでしょう。

「似たような広告がずっと配信されるのは自分の頭の中を読まれているようで嫌だ！ こんな気持ちを読者に与えたくない！」という運営ポリシーがあればオフにしておくといいでしょう。

● インタレストベース広告の設定

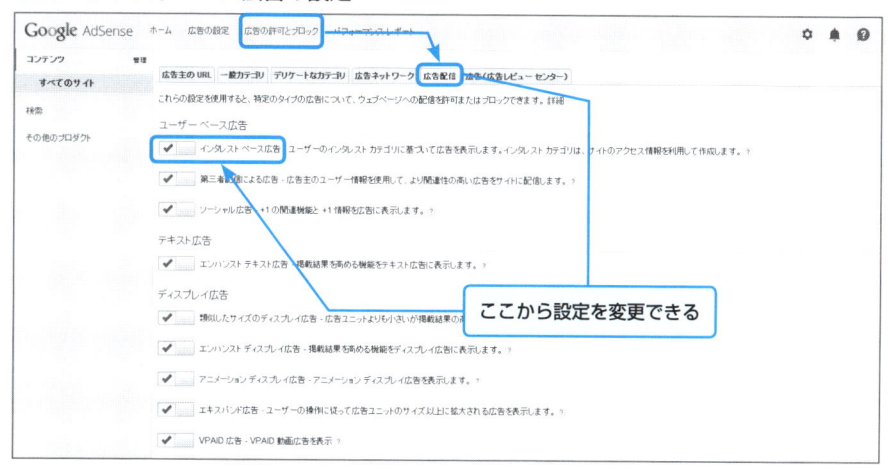

ここから設定を変更できる

広告の許可とブロック＞広告配信から設定を変更することができます。

> Check!
> 1. これまで Google AdSense ではコンテンツ ターゲット広告がメインで、ウェブサイトの内容に関連した広告が自動表示されていた
> 2. ウェブサイト訪問者の興味があると思われる内容の広告を表示させるインタレスト ベース ターゲティング広告が増加傾向にある
> 3. インタレストベース広告のほうがクリック率やクリック単価は高い傾向あり

コラム

インタレストベースターゲティング広告のしくみについて

みなさんの利用しているブラウザ（Internet Explorer や Chrome、Firefox、Safari 等）には Cookie（クッキー）や cache（キャッシュ）という機能があります。詳細については割愛しますが、インターネット上のさまざまなウェブサイトをスムーズに閲覧するためのシステムです。この Cookie や cache のデータを利用して使用者の関心が強いものを Google 側で想定し、最適だと思われる広告を配信しています。

絶対法則 36 テキスト広告／ディスプレイ広告を使い分ける

Google AdSense の広告ユニットには、タイトルと解説文とリンクだけの情報が掲載されている「テキスト広告」と、画像やアニメーション、動画との連動広告などが掲載されている「ディスプレイ広告（イメージ広告）」の2種類があります。

重要度 ★★★☆☆　難易度 ★★☆☆☆　対応 HTML 無料ブログ WordPress

広告が配信されるしくみ

　一般的にクリック率はテキスト広告のほうが高く、クリック単価はディスプレイ広告が高くなる傾向があります。

　ところで、あなたのブログに掲載されている広告はどのようなしくみで配信されているのかご存じですか？

⚠ 両方掲載したほうが収益アップの可能性が高まる

　広告主が広告出稿をする際、Googleが広告の品質（テキストや画像の内容とリンク先のページの関連性）とクリック単価によって広告ランクを決定します。そのデータをもとにオークションが実施され、あなたのブログに一番収益をもたらす可能性が高い広告が優先的に配信されます。これはテキスト広告もディスプレイ広告も一緒で、**両方の広告タイプを掲載されるような設定にしておいたほうが広告同士の競争率が高まりクリック単価が向上します**。

⚠ 評価が一番高い広告がユニット内の最上部に掲載される

　テキスト広告の場合、オークションにかけられたうえで評価が一番高い広告がユニット内の最上部に掲載されています。イメージ広告の場合は広告ユニットに1つしか掲載されませんが、その枠に掲載されるすべてのテキスト広告を合算したうえでのオークションで一番広告ランクが高いものが表示されています。

　このしくみによって、**掲載できる広告の種類をテキスト広告とディスプレイ広告の両方にしておいたほうが広告単価は向上するわけです**。ただ、ブログのデザイン・レイアウト的にどうしてもテキスト広告（ディスプレイ広告）にしておかないと雰囲気が崩れる場合は、ブログデザインを優先させたほうがいい結果になると思います。その辺りは自分自身で検証してみてください。

● テキスト広告とディスプレイ広告の設定

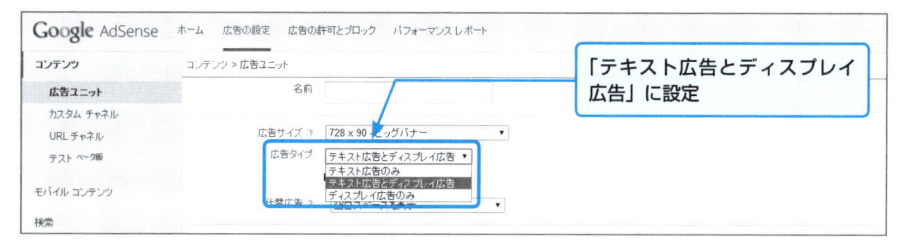

「テキスト広告とディスプレイ広告」に設定

新規で広告を設定する際には「広告タイプ」の個所を「テキスト広告とディスプレイ広告」に設定すればOKです。

● すでに作成してある広告のタイプを変更したい場合

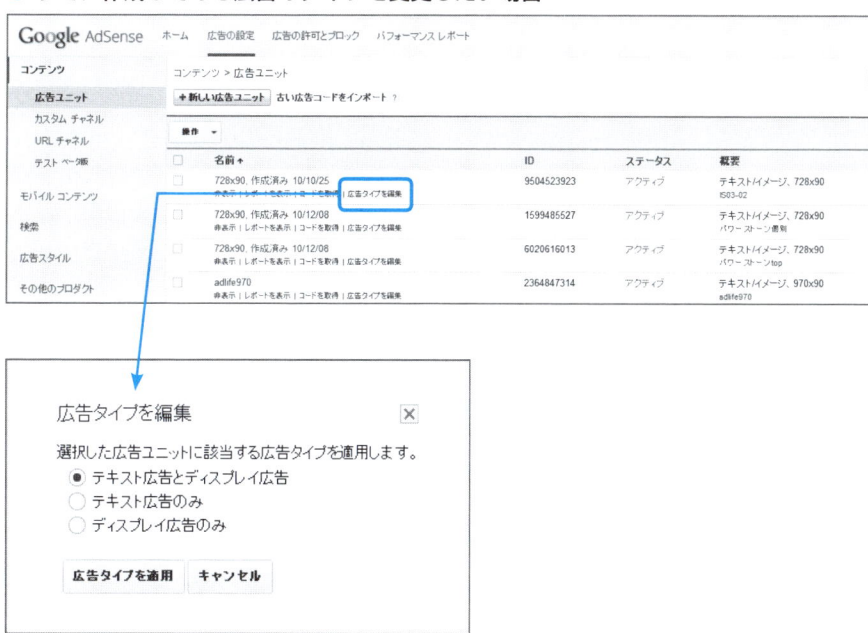

すでに作成してある広告のタイプを変更したい場合は、広告一覧の中から変更したい広告の右下にある「広告タイプを編集」から広告タイプを変更できます。

各ブログによって、テキスト広告が最適なのかディスプレイ広告が最適なのかは違いがあります。基本的にはGoogleの推奨するように両方配信されるようにしておくのがベターですが、ブログの運営が軌道に乗ってきたら自分自身でいろいろとテストをしてみてもいいでしょう。

| 絶対法則 37 | 親和性の低い広告をブロックして配信される広告をコントロール |

Google AdSense は基本的にはブログの内容と関連性の高い広告が表示されるようになっていますが、自分の意にそぐわない広告が配信される場合があります。そんなときは「広告の許可とブロック」機能を使って、配信される広告をコントロールすることができます。

重要度 ★★☆☆☆　難易度 ★☆☆☆☆　対応 HTML 無料ブログ WordPress

広告の許可とブロックの設定方法

1 広告主のURLから設定する

「広告の許可とブロック＞広告主のURL＞ブロックしたいURLを入力＞URLをブロック」という流れで設定できます。これで指定のURLがリンク先になっている広告は表示されなくなります。どうしてもA社の広告は載せたくない、あるいは検証の結果、B社の配信する広告のクリック率が異常に低い等の理由があるのであれば利用してみてもいいでしょう。

●ブロックしたい URL を設定

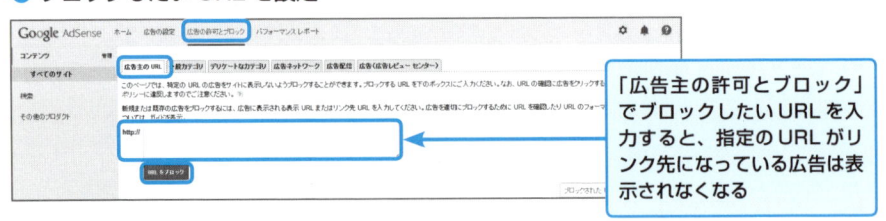

「広告主の許可とブロック」でブロックしたいURLを入力すると、指定のURLがリンク先になっている広告は表示されなくなる

2 一般カテゴリ

これは通常のブログ運営であれば利用することは少ないと思います。例えば自分の商品を販売していて、競合となるような広告ジャンルをブロックするというような場合がないかぎり、すべて「許可済み」にしておいていいでしょう。ブロックしたいカテゴリのチェックを外せば、そのカテゴリに属する広告が表示されなくなります。

● 許可またはブロック

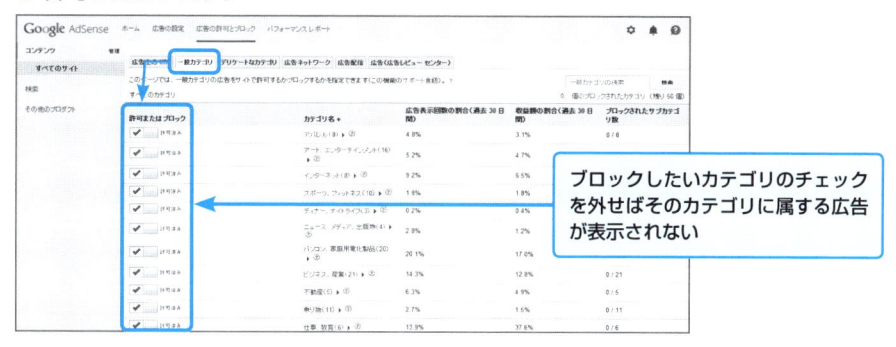

3 デリケートなカテゴリ

「広告の許可とブロック＞デリケートなカテゴリ」を選択すると、Googleがデリケートだと認識しているカテゴリが表示されます。

「一攫千金」や「出会い」、「医薬品」や「消費者金融」などブログのテーマにそぐわないジャンルはブロックしておいてもいいでしょう。**デリケートなジャンルの広告が表示されているだけで嫌な気持ちになる人もいます**。一度嫌悪感を持ってしまったブログに再訪する人はいないので、あらかじめ広告が配信されないようにしておくことも必要かもしれません。

ただデリケートなジャンルはクリック単価が高い傾向もあります。特に選挙時期の「政治」カテゴリはクリック単価が高騰する傾向があるので、収益性と読者視点のバランスを考え選択してください。こちらも一般カテゴリ同様、ブロックしたいカテゴリのチェックを外せばそのカテゴリに属する広告が表示されなくなります。

● デリケートなカテゴリの設定

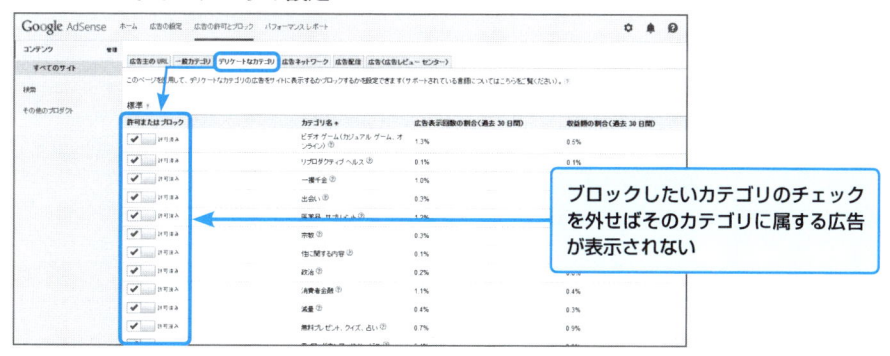

4 広告ネットワーク

「広告の許可とブロック>広告ネットワーク」を選択するとあなたのウェブサイトの広告枠を販売している広告ネットワークの一覧が表示されます。ネットワークをブロックすると、そのネットワークからはあなたのウェブサイトの広告枠を購入できなくなるので、不必要な広告を掲載させないことができます。しかし、**どのネットワークで広告枠が売られているのか正直なところわからないので、個人のブログ運営レベルであれば使うことは少ないと思います。**

よく利用するのは、「広告主のURL」と「デリケートなカテゴリ」のブロックだと思いますが、あまり多くのURL／カテゴリをブロックしてしまうと、単価の高い広告が配信されなくなる可能性も出てきます。うまくバランスを取りながら設定してください。

● 広告ネットワークの設定

あまり多くのURL／カテゴリをブロックしてしまうと、単価の高い広告が配信されなくなる可能性もある

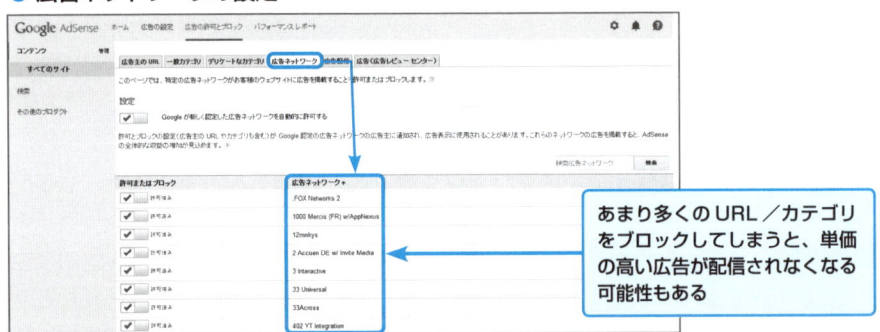

Check!

1 「広告の許可とブロック」機能で配信される広告をコントロールできる

2 デリケートなカテゴリは訪問者が不快に思う反面、クリック単価が高い傾向もある

3 あまり多くのURL／カテゴリをブロックしてしまうと、単価の高い広告が配信されなくなる可能性もあるのでバランスが重要

絶対法則 38 カスタムチャネルを設定する

カスタムチャネルとは、AdSense の広告コードに「チャネル」と呼ばれる任意の ID を振り分け、広告ユニットごとの詳細なレポートを表示するための機能です。このチャネル設定は報酬を向上させるための分析ツールとして、とても重要な機能です。有効に活用する方法を紹介していきます。

重要度 ★★★★☆　難易度 ★★☆☆☆　対応 HTML 無料ブログ WordPress

ウェブサイト、広告ユニット単位でクリック率、クリック単価がわかる

「チャネル」機能を利用することで、ウェブサイト単位や広告ユニット単位でクリック率やクリック単価などが測定できます。そのチャネルの成果が低い場合には広告タイプや配色、広告の設置場所を変えたりする必要があります。

Google AdSenseは、1つのアカウントで複数のウェブサイトや広告ユニットを管理することが多いので、ブログごと・広告ユニットごとに報酬レポートを分けて分析できる「チャネル」機能はとても便利です。

1 カスタムチャネルの設定方法

新しい広告ユニットを作成する際は、「カスタム チャネル」の項目から「新規カスタム チャネルを作成」をクリックし、任意のチャネル名を入力し、該当する広告ユニットを選択します。

● 新しい広告ユニットの作成

「カスタム チャネル」の項目から「新規カスタム チャネルを作成」をクリック

● カスタムチャネルの設定

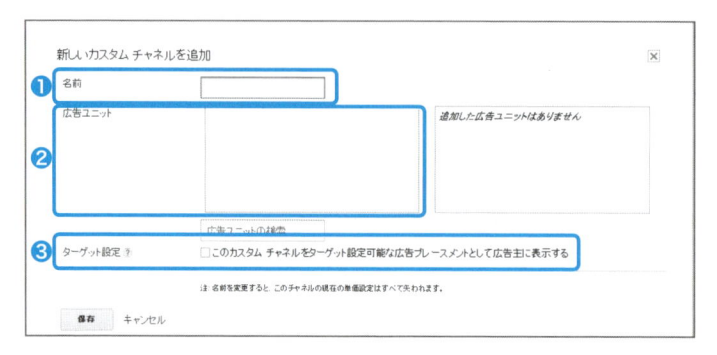

❶ 名前

任意のチャネル名。(ブログ名)「ブログ名＋広告位置＋広告サイズ」など管理しやすい名前がいいでしょう。

❷ 広告ユニット

広告ユニットの名称。新規の場合は追加しなくてOKです。

❸ ターゲット設定

プレースメント ターゲット広告を利用したい場合はチェックを入れます（プレースメント ターゲットについては142頁の 絶対法則39 で解説します）。

● チャネルを追加

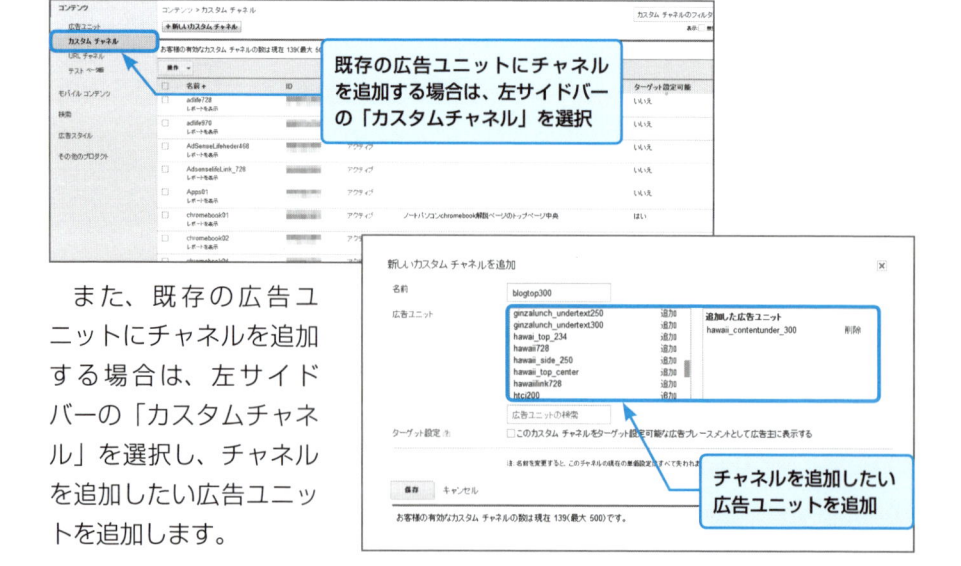

また、既存の広告ユニットにチャネルを追加する場合は、左サイドバーの「カスタムチャネル」を選択し、チャネルを追加したい広告ユニットを追加します。

● 広告ユニットの解析

> 管理画面で広告ユニットの収益の伸びがわかるので、ページの解析などが簡単に行える

　この設定をしておけば、AdSenseの管理画面でどの広告ユニットの収益が高いのか、収益が伸び悩んでいる広告ユニットの解析などが簡単に行えるようになります。

2 URLチャネルの設定方法

　URLチャネルとは指定したURLでの広告の成果を分析できる機能です。登録は「新しいURLチャネル」から行えます。なお、URLの入力ルールは以下の通りになっています。

● 新しいURLチャネルの追加

CASE 1 完全なURLを入力

　完全なURLを入力した場合は、指定したページの掲載結果が追跡されます（事例URLは個別記事）。

　例：http://someyamasatoshi.jp/info/netshop02/

CASE 2 URLの一部を入力

　URLの一部を入力した場合は、そのディレクトリの直下にある全ページが追跡されます（事例URLはカテゴリ内記事全体）。

　例：http://someyamasatoshi.jp/info/

CASE 3 トップレベルドメイン名を入力

　トップレベルドメイン名を入力した場合は、そのドメインの直下にある全ページが追跡されます（事例URLはブログ全体）。

　例：http://someyamasatoshi.jp/

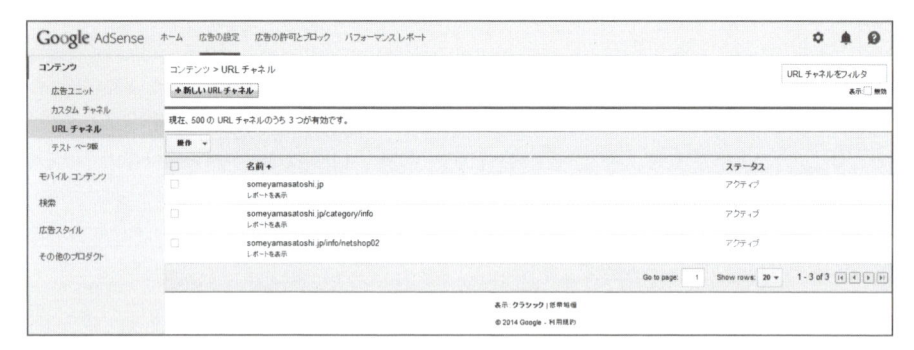

　URLチャネルについてはブログごとやページごとの収益を管理しやすくなるツールなので、必要に応じて設定しましょう。

Check!

1. カスタムチャネルを設定することで、広告の成果の効果検証が容易になる
2. URLチャネルによって、ブログ全体や個別記事での効果検証が可能
3. 反応が悪いチャネルを見つけ出し、配置位置の変更などの収益改善のための施策を検討する

コラム

所有サイトの登録

URL チャネルを登録しようとすると、このような画面が出る場合があります。

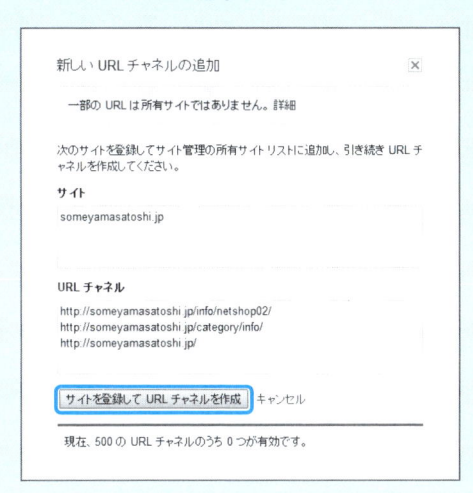

URL チャネルを利用するためには所有サイトを登録しなければなりません。この画面が表示された場合は下部にある「サイトを登録して URL チャネルを作成」をクリックすれば、サイト登録と同時に URL チャネルも作成されます。

もし個別に所有サイトの登録を行いたい場合は、右上の設定アイコンから設定画面に入り、左サイドバーにある「サイト管理」より自分の運営しているサイト（ブログ）を登録することができます。サイト登録は必須ではありませんが、運営サイトを登録しておくことでサイト固有の広告ブロックルールを作成するなど、サイトに関連する操作を行えるようになります。

絶対法則 39 プレースメントターゲットを設定する

ブログがある程度の規模になったら広告ユニットのプレースメント ターゲット設定を利用しましょう。数あるウェブサイトの中であなたのブログに広告を出すメリットを広告主に対してアピールすることで広告の配信数を増加させることも可能です。配信したい広告主が増加すれば結果としてクリック単価も向上します。

重要度 ★★★★☆ 難易度 ★★☆☆☆ 対応 HTML 無料ブログ WordPress

広告主にブログの特徴や訪問者の属性を知らせる

　広告主は広告プレースメントをチェックして、広告の効果が高く見込めると思われるウェブサイトに限定して広告を配信することができます。人気のあるプレースメントは広告のオーダーが増加します。 絶対法則36 （132頁参照）で解説しましたが、**広告のクリック単価はオークションで決まるため広告主が増えることでオークションが活性化し、結果的に収益額が増える可能性が高まります。**だからこそ広告主に対して自分のブログの特徴や訪問者の属性を知らせてあげる必要があるのです。

　なお、Google AdSenseのヘルプページには、プレースメント ターゲットについて以下のような説明が書かれています。

> プレースメント ターゲットでは、広告主様が広告の掲載を希望する広告プレースメントやサイトのサブセクションを具体的に指定します。プレースメント ターゲットの広告はページの内容と密接に関連しない場合もありますが、提供する商品やサービスとお客様のサイトのユーザーの興味や関心に関連性があると判断した広告主様が自ら手動で掲載先を指定します。

https://support.google.com/adsense/answer/9713?hl=ja

　それでは実際にプレースメント ターゲットを設定していきましょう。

　次の頁の画像を見てください。外枠で太い青色で囲ってある個所がプレースメント ターゲット設定です。

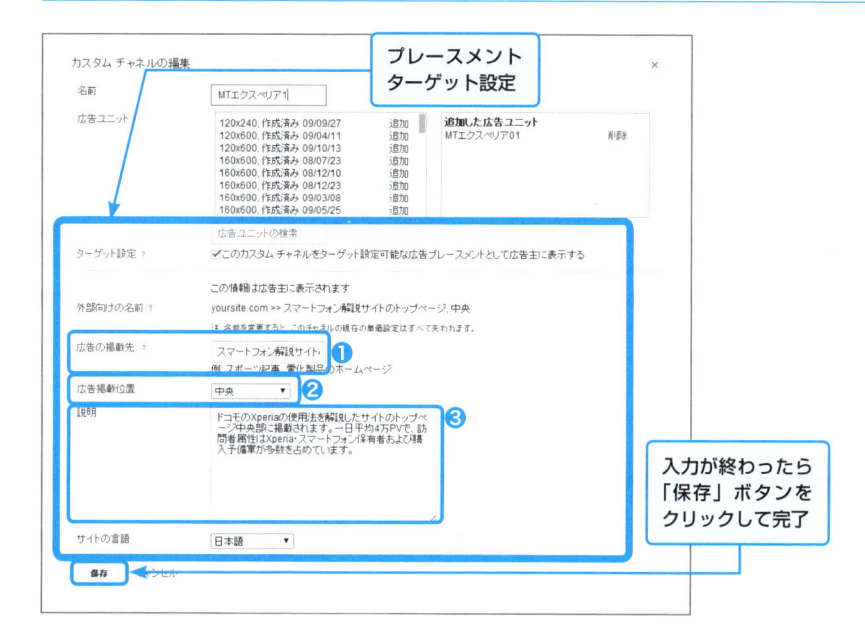

プレースメント ターゲット設定の方法

[画面キャプチャ：カスタムチャネルの編集画面。「プレースメント ターゲット設定」のダイアログで、①広告の掲載先、②広告掲載位置、③説明の入力欄が示されている。入力が終わったら「保存」ボタンをクリックして完了]

⚠ プレースメント ターゲット設定までの3つの手順

手順1　広告の掲載先
　　どのようなテーマのブログかを簡潔に説明します。
　　（例：スマートフォン解説サイトのトップページ）

手順2　広告掲載位置
　　広告を張る位置を選択します。
　　（例：左上、中央、右下等から選択）

手順3　説明
　　広告を張るサイトや広告のサイズなどを説明をします。
　　（例：ドコモのXperiaの使用法を解説したサイトのトップページ中央部に掲載されます。一日平均4万PVで、訪問者属性はXperia・スマートフォン保有者および購入予備軍が多数を占めています。など）

入力が終わったら「保存」ボタンをクリックすれば設定完了です。

143

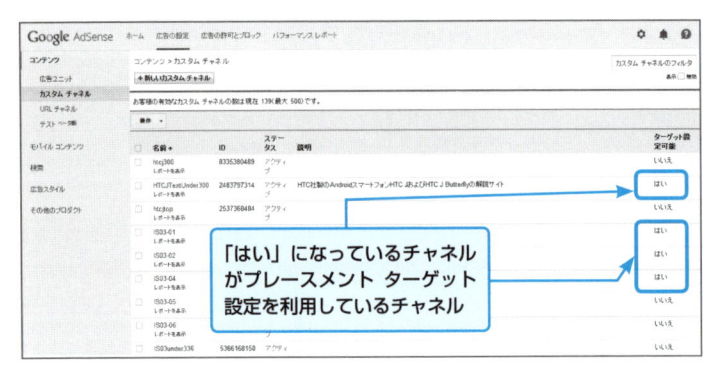

[画面キャプチャ: Google AdSense カスタムチャネル一覧画面]

「はい」になっているチャネルがプレースメント ターゲット設定を利用しているチャネル

　カスタムチャネルの一覧画面で、各チャネルの確認が可能です。ターゲット設定可能の個所が「はい」になっているチャネルがプレースメント ターゲット設定を利用しているチャネルになります。

　さて、次は視点を変えてこのプレースメント ターゲットが広告主側（Google AdWords側）からどのように見えるのか解説したいと思います。

広告主側から見たプレースメント ターゲット広告

　Google AdWordsとはGoogleが広告主向けに提供しているサービスで、Googleの検索結果や関連するウェブサイトに広告を掲載するサービスになります。要はAdSenseの逆側にあるプログラムです。

> ● Google AdWords
> https://adwords.google.com/

⚠ Google AdWords の設定

手順1 Google AdWordsにログインし、運用ツールからディスプレイ キャンペーン プランナーを選択

　なお、AdWordsアカウントはGoogleアカウント所有者であれば誰でも作成できます。広告を出稿しないかぎりコストはかかりません。

手順2 関連性の高いプレースメント（ウェブサイト）が表示

　ここで「ユーザーの興味や関心」欄や「リンク先ページ」欄にキーワードやURLを入力して検索します。すると、関連性の高いプレースメント（ウェブサイト）が表示されます。

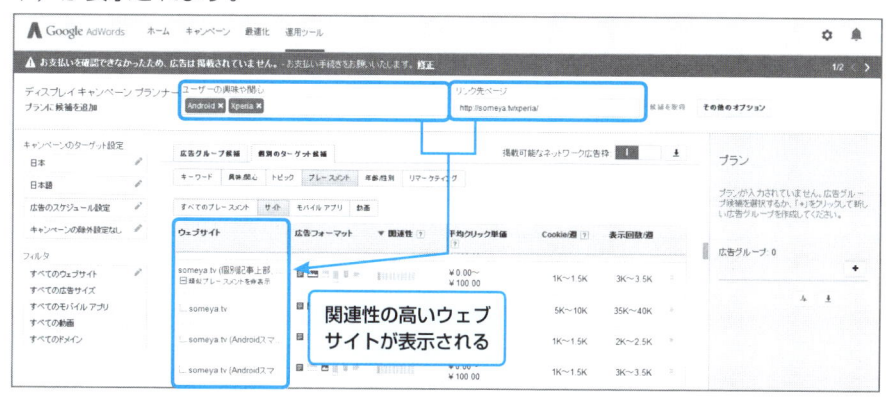

手順3 わかりやすいプレースメントの説明文

　広告主はこの中から掲載したいプレースメントを選択していきます。ここでわかりやすいプレースメントの説明文があれば、広告主の目に留まりやすいわけです。なお、この画面はGoogle AdWordsのアカウントを持っている人は誰でも確認できるので、一度見てみると参考になるかと思います。

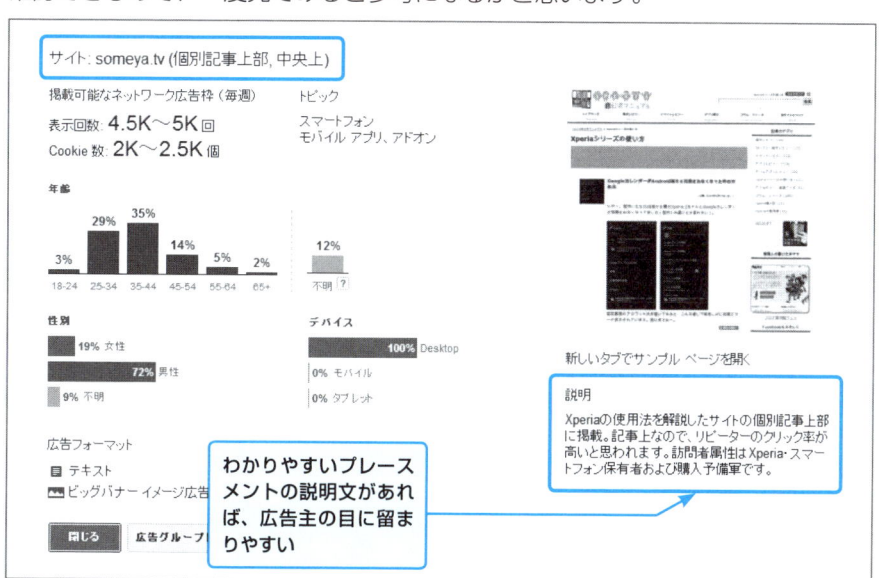

絶対法則 40　広告表示の許可設定

広告表示の許可設定を行うことで、あなたの広告コードがほかのユーザーに不正使用されることを予防することも可能です（この項目は必須ではありませんので、運用にあわせて実施するかどうか判断してください）。

重要度　★★★★☆　難易度　★★☆☆☆　対応　HTML　無料ブログ　WordPress

万が一のための予防策

「サイトの認証」から「自分のアカウントで特定のサイトの広告表示のみを許可する」という項目にチェックを入れます。すると「許可サイト」欄が表示されるので、自分の管理しているブログのURLを入力することができます。

● 「自分のアカウントで特定のサイトの広告表示のみを許可する」

> あなたの広告コードがほかのユーザーに不正使用されることを予防することが可能になる

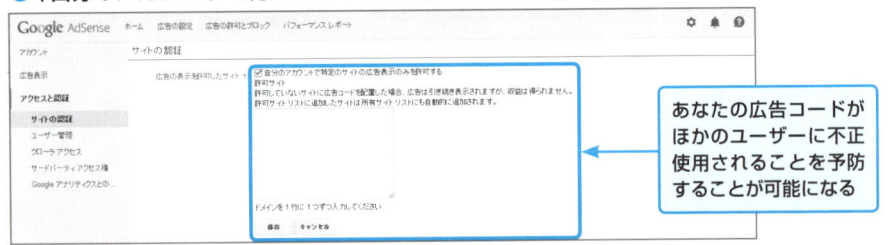

許可していないウェブサイトにあなたの広告コードを配置した場合、該当サイトにも広告は引き続き表示されますが収益は発生しません。**あなたの広告コードがほかの運営者のブログに張られることは滅多にありませんが、万が一の事象の予防という意味で登録しておいてもいいでしょう。**

ただ、この許可サイト機能をオンにしている状態での注意点が1つあります。新規のブログを開始した場合、認証済みサイトのリストに新規ブログを追加しておかないと広告はブログに表示されますが、収益を得ることができません。必ず登録しておきましょう。なお、許可サイトリストに追加したサイトは所有サイトリストにも自動的に追加されます。

● サイトを認証して広告を表示する／ AdSense ヘルプ
https://support.google.com/adsense/answer/65062?hl=ja

絶対法則 41 アクセス解析で検索キーワードや訪問経路などを知る

4 レポートの分析による広告とコンテンツの最適化

絶対法則21（90頁参照）でアクセス解析の導入方法を解説しましたが、ここではアクセス解析の活用法について解説します。アクセス解析を有効活用することで新規記事を書く際のキーワードや、自分のブログを複数ページ読んでもらうための施策など、数多くのヒントを得ることができます。

| 重要度 | ★★★★★ | 難易度 | ★★★☆☆ | 対応 | HTML | 無料ブログ | WordPress |

ライブドアブログのアクセス解析

まずライブドアブログに備えつけられているアクセス解析から見ていきましょう。**簡易的なアクセス解析ですが、ブログ開設時点では十分な機能がそろっています**。このライブドアのアクセス解析は、加藤賢治さんが運営している「部屋掃除！！ ブログ（http://blog.osoujidanshi.com/）」を事例に解説します。

1 月別アクセス

ブログ開設当初はそれほど大きな数値にはならないと思うので、アクセス数の大小は気にしなくて大丈夫です。まずは右側にある「PV」「PC UU」「Mobile UU」の用語解説です。

●ライブドアのアクセス解析画面

❶ **PV**：ページビュー、要は総アクセス数です。1人の訪問者がブログを10記事読んだら10PVになります。

❷ **PC UU**：パソコン、スマートフォン、タブレットからのユニークユーザーを指します。ユニークユーザーとは訪問人数のことで、1人が10記事読んでもUUは1となります。

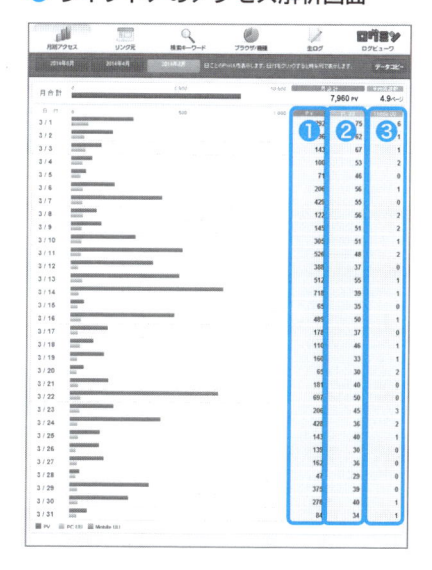

❸ **Mobile UU**：同様に「Mobile UU」は従来の携帯電話（フィーチャーフォン）からのユニークユーザーを指します。

2 リンク元

あなたのブログの読者はどのウェブサイト（ブログ）から読者がやってきているかを確認し、分析することができます。また、「関連記事タイトル」の個所はブログ内の記事で参考にされている順位とも取れるので、上位の記事の補足情報を別記事として投稿することで、さらに読者を集められる可能性があります（詳細は153頁の 絶対法則42 で解説します）。

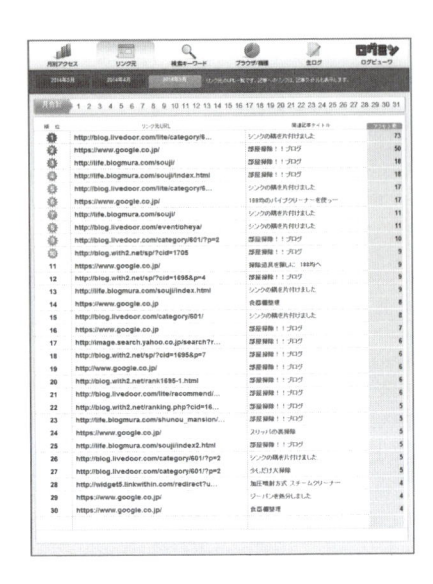

3 検索キーワード

● キーワード

● フレーズ

Google検索やYahoo!検索で、どのようなキーワードで検索して読者が訪問してきているかを知る指標です。なお、フレーズとは「掃除　スポンジ」という複数のキーワードでの検索結果を意味し、「複合キーワード」とも呼ばれています。検索キーワードをしっかりと分析し、読者が求めていると思われる内容の記事を補足していくことも可能です。

148

4 ブラウザ/機種

あなたのブログがどのような環境で閲覧されているかを確認することができます。現状ではPCのカテゴリ内にスマートフォンも包含されていますが、iPhoneやAndroidでのパーセンテージも表示されています。それぞれどのような状況になっているか認識しておきましょう。スマートフォンからのアクセス比率が大きくなってきていたら、スマートフォンに最適化されたレイアウトや広告配置も検討したほうがいいかもしれません。

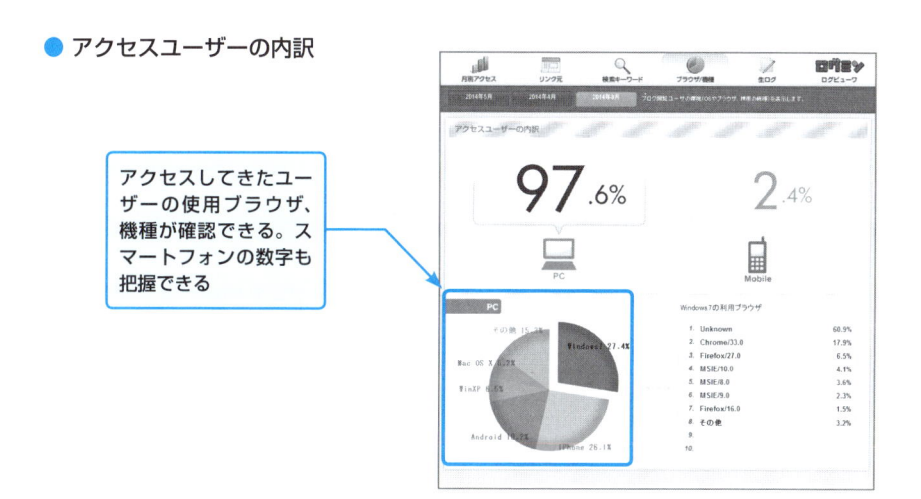

● アクセスユーザーの内訳

アクセスしてきたユーザーの使用ブラウザ、機種が確認できる。スマートフォンの数字も把握できる

Googleアナリティクスのアクセス解析

次にGoogleアナリティクスでの分析方法です。基本的に見るポイントは一緒ですが、ライブドアブログのアクセス解析の場合、直近3カ月間のデータしか見ることができないことと、キーワードも上位30単語(フレーズ)までしか確認することができません。**Googleアナリティクスはほぼ永続的にデータを閲覧することができ、検索キーワードも細かく確認できます。詳細なデータを分析したい場合はGoogleアナリティクスを利用しましょう。**

Googleアナリティクスは使用している言葉が多少難しいのですが、ポイントだけ押さえておけば最初のうちは大丈夫です。使い慣れてきたら、いろいろな機能にもトライしていきましょう。

● ユーザー＞サマリー

　日々の訪問数やページビュー数、「リアルタイム＞サマリー」で、今現在のアクセス状況を確認できます。

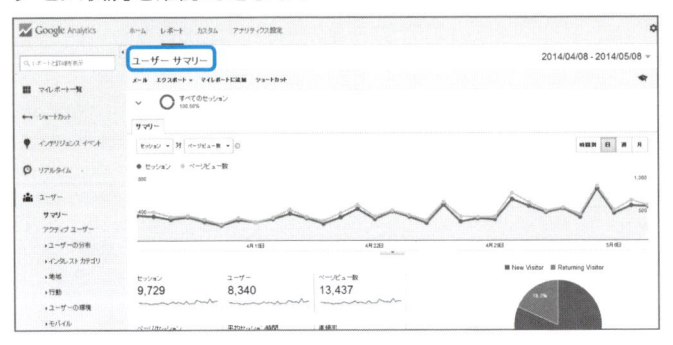

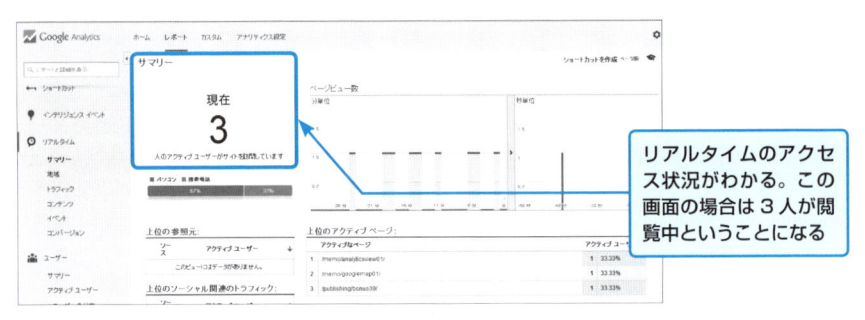

> リアルタイムのアクセス状況がわかる。この画面の場合は3人が閲覧中ということになる

　このように日々の数字の動きも気になるところですが、**大切なポイントは訪問者が何を求めてあなたのブログにやってきているのかという点です**。最初のうちはこれから挙げる2つの項目を重点的に見ていきましょう。

● 集客＞キャンペーン＞オーガニック検索キーワード

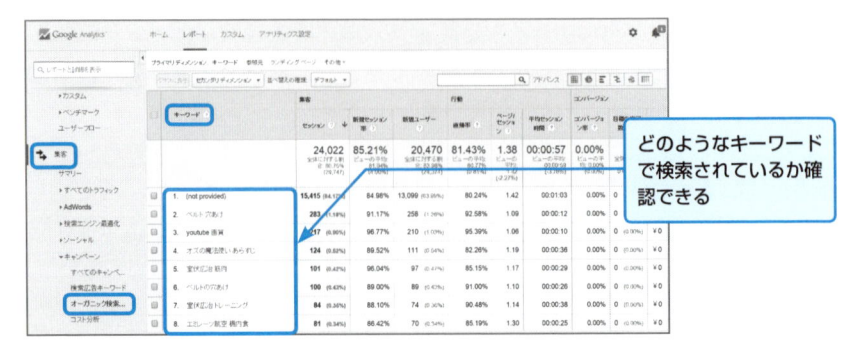

> どのようなキーワードで検索されているか確認できる

150

どのようなキーワードで検索されているか確認できます。検索ボリュームが多いキーワードの場合は、そのキーワードに関する情報をさらに追加することで、訪問者の満足度を向上させることが可能になります。

● 小さなボリュームのキーワードや複合キーワード

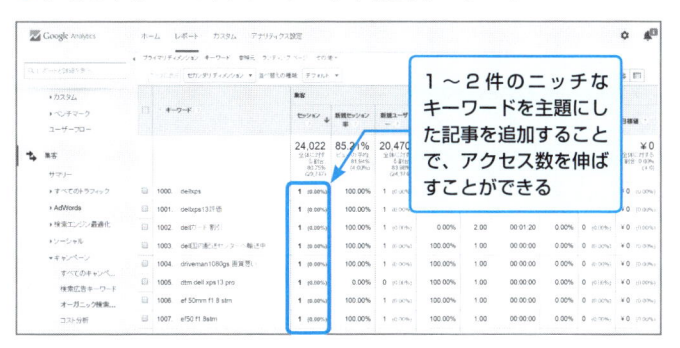

[図：Google Analyticsのキーワードレポート画面。吹き出し「1～2件のニッチなキーワードを主題にした記事を追加することで、アクセス数を伸ばすことができる」]

そして忘れてはならないのが、1～2件程度の小さなボリュームのキーワードや複合キーワードです。実は上位のキーワードからのアクセス数よりも、1～2件の小さなアクセスを合算したアクセス数のほうが多くなる場合が一般的です。このニッチなキーワードを主題にした記事を追加することで、アクセス数を伸ばすことも可能です。

● 行動＞サイトコンテンツ＞すべてのページ

[図：Google Analyticsのすべてのページレポート画面。吹き出し「ブログ内で人気のある記事を把握できる。人気の高い記事の下部に関連記事を表示させたり、補足記事を掲載したりすることでページビューを伸ばせる」]

あなたのブログの中で人気のある記事を把握できます。人気の高い記事の下部に関連記事を表示させたり、補足記事を掲載したりすることで1訪問あたりのページビューを伸ばすことが可能になります。

アクセス解析はブログ運営の道標

　アクセス解析のデータを検証することで、ブログ運営の道標となります。単にアクセス数だけを気にするのではなく、**ディスプレイの先にいる読者が何を求めているのかを探求する**ことで施策が生まれてくるので、ぜひ有効活用してください。

　ブログの構造を修正したり、必要とされる記事を追加したりと自分自身でやれることが終わったと思ったら、データ分析の専門書籍を購入するなりインターネットでGoogleアナリティクスの使い方を解説しているウェブサイトで学ぶなどして、さらに細かいサイト分析を行ってもよいでしょう。

　なお、もっと細かくGoogleアナリティクスを学びたい人のために、参考書籍を挙げておきます。2013年後半ぐらいからGoogleアナリティクスの管理画面や機能が変更されたので、あまり古い書籍だと利用方法が違う場合があるので注意してください。

参考書籍

『Google Analyticsで集客・売上をアップする方法』
（玉井昇／ソーテック社）　ISBN: 978-4800710130

　自社ホームページや自分のサイトにどうしたら集客できるのか？ Googleアナリティクスを使えば、見込み客の動向と目的が見えてきます。まずはGoogleアナリティクスを駆使して、あなたのホームページが集客できない理由を探りましょう。その原因をもとにSEO対策をしていきます。その先は、ウェブマスターツールを駆使して、コンバージョンが上がるサイトにしていきましょう。つまり、集客できて、売上の上がるサイトによみがえらせるということです。
　Googleアナリティクスとウェブマスターツールの基本的な使い方と対応策をわかりやすく解説しています。

Check!

1. 最初はライブドアブログのアクセス解析で十分
2. Googleアナリティクスは永続的にデータを閲覧することができ、検索キーワードも細かく確認できる
3. ディスプレイの先にいる読者が何を求めているのかを探求する

絶対法則 42	アクセスが多い記事の補足記事や派生記事を追加する

アクセス解析を活用して自分のブログの強みや足りない部分が認識できたら、強みをさらに強化する、あるいは足りない部分を補足していくなどの施策を立てて行動に移しましょう。

| 重要度 | ★★★★★ | 難易度 | ★★★☆☆ | 対応 | HTML | 無料ブログ | WordPress |

「読者は何を知りたがっているのか？」を常に意識する

　具体的には**人気のある記事をさらに深堀りしていくパターン**と、**関連する内容を新規記事として投稿するパターン**があります。新規記事を増やす場合は、複合キーワードで検索されることが多いキーワードを抜き出して記事にしていきましょう。

　絶対法則20（83頁参照）項で事例に出した「Google AdSenseだけで家族を養ってきた僕が、今までやってきたブログ運営術をガチで解説するよ」と「さぁ、『アドセンスだけで家族を養ってきた〜〜』の記事の裏側を一緒に読みといてみようか」「続、『アドセンスだけで家族を養ってきた〜〜』の記事の裏側を一緒に読みといてみようか」の記事はまさにこの深堀り／関連記事のパターンです。

　1つの観光スポットの訪問記事なのであれば、観光スポットへのアクセス方法や近隣グルメ情報、歴史観のような情報を補足してもいいでしょう。
　小さなキーワードの抜き出しはもっと明確です。例えば「ハナウマベイ　行き方」という複合キーワードで検索されているのであれば、そのまま「ハナウマベイの簡単な行き方」という記事を追加してあげればいいのです。補足情報として「ハナウマベイで遊ぶための料金」という記事を投稿してもいいでしょう。ハナウマベイまでのバス代やタクシー代などの交通費、駐車場代金、入場料、ドリンク代などを細かく載せてあげることで喜ぶ読者は必ずいます。

　ただ漠然とアクセス解析に表示されている検索キーワードを見ているだけではなく、読者は何を知りたがっているのかということを想像しながら文章を書いていきましょう。

絶対法則 43 ブログ内の回遊性を高め1訪問あたりのページビューを伸ばす

アクセス解析を見るときはユニークユーザー（UU）数とページビュー（PV）数の差も確認しておきましょう。UUとPVの数値が近ければ近いほど訪問者は1つの記事だけ読んで去ってしまっている現象の裏づけになります。

重要度 ★★★★☆　難易度 ★★★☆☆　対応　HTML　無料ブログ　WordPress

ほかの記事も読んでもらえるしくみづくりをする

せっかく数あるウェブサイトの中からあなたのブログを見つけて訪問してくれたのにも関わらず、1つの記事しか読んでもらえないのはさみしいですよね？

記事の内容がつまらなくてページを閉じてしまっているのであれば、文章力を向上させたり切り口を考え直したりする必要があります。でも、**単にほかの記事への行き方がわからなくてページを閉じているのであれば完全なる機会損失です**。しっかりとほかの記事を見つけられるようなしくみにしておきましょう。

1 サイドバーにカテゴリや最新記事、人気記事などを配置

たったこれだけでも訪問者が次のページを見てみるきっかけになる

一番簡単で効果的なのは、サイドバーにカテゴリや最新記事、人気記事などを配置しておくことです。たったこれだけでも訪問者が次のページを見てみるきっかけにはなります。

2 記事内に関連リンクを配置

> バックナンバーを本文内に載せておくことでほかの記事を読んでもらいやすくなる

続いて考えられる施策が、記事内に関連リンクを配置しておくという方法です。特にシリーズ物の記事を書いている際に効果的です。訪問者は1話目の記事からやってくるとはかぎりません。3話目から読みはじめた人もいるかもしれません。そんなとき、バックナンバーを本文内に載せておくことでほかの記事を読んでもらうきっかけになります。

3 記事下部に関連する記事を掲載

> 記事下部に関連記事を載せておくことも効果的

あるいは記事下部に関連する記事を掲載しておくのも1つの施策です。

WordPressではこのような関連記事を表示させるプラグイン（拡張機能）が数多くあります。いろいろと試してみましょう。

4　ブログ内の人気記事を掲載

ブログ内での人気記事を提示することで、読者の気を引くことも可能

　ブログ内の人気記事を掲載する方法も有効です。ライブドアブログであればデザイン設定から「人気記事」というブログパーツを挿入すれば簡単に表示できます。WordPressでも「Popular Posts」や「Jetpack by WordPress.com」というプラグインを導入することで表示可能です。あなたのブログ内での人気記事を提示することで、訪問者に「もう1ページ読んでみようかな」という気持ちにさせることができます。

　ここで挙げた施策はあくまでも事例でほかにもやれることは数多くありますが、**読者にとって読みやすいレイアウト、ほかの記事を探しやすいしくみになっていれば自然とPVは伸びていきます。目安としてPVがUUの2倍の数値になれば、ひとまずはOKと捉えてもらっていいでしょう。**

Check!
1. しっかりとほかの記事を見つけられるようなしくみを構築すること
2. 読者にとって読みやすいレイアウト、ほかの記事を探しやすいしくみになっていれば自然とPVは伸びていく
3. PVがUUの2倍の数値になれば、ひとまずはOK

Chapter - 5

Google AdSense で やってはいけないこと

Google AdSense には利用規約やプログラムポリシーが存在します。規約やポリシーに違反すると広告の配信停止や、最悪の場合 AdSense アカウントの停止（無効化）という状態になります。一度アカウントを停止されたユーザーは今後 AdSense プログラムに参加することができなくなります。そうならないよう、AdSense でやってはいけないことを改めて確認しておきましょう。

絶対法則 44 プログラムポリシーを熟読しよう

当然のことですが Google AdSense にはプログラムポリシーがあります。AdSense プログラムを使用するのであれば、このプログラムポリシーに準じてブログを運営しなければいけません。利用前に必ず1度は目を通しておきましょう。

| 重要度 | ★★★★☆ | 難易度 | ★☆☆☆☆ | 対応 | HTML | 無料ブログ | WordPress |

あなたとGoogleはビジネスパートナー

まずGoogle AdSenseを利用するうえでの基本的な考え方として、次のことを念頭に置いておいてください。

> **頭に入れておいてほしいこと**
> ❶ あなたのブログに訪れてくれている読者の利便性を阻害していないか
> ❷ 広告を出稿している企業に有益なアクセスを送っているか

さらにもう1つ大切なことがあります。それは、**あなたとGoogleはビジネスパートナー**だという点です。「利用規約やプログラムポリシーで明確に禁止されていないから、なんとなくグレーっぽいけど大丈夫そう」という考え方は厳禁です。読者と広告主、システムを提供しているGoogle、そしてあなたの4者にメリットが生じるような運用を心がけましょう。

プログラムポリシーは必ず読んでおく

Google AdSenseではさまざまな個所にポリシーが点在しています。はじめてGoogle AdSenseにチャレンジする人はポリシーを探すだけでも一苦労です。ここでは関連URLを紹介していきます。

> **プログラムポリシー**
> ● AdSense プログラム ポリシー
> https://support.google.com/adsense/answer/48182?hl=ja

- AdSense ポリシー:初心者向けガイド
  https://support.google.com/adsense/answer/23921?hl=ja

- コンテンツ ポリシー／禁止コンテンツ
  https://support.google.com/adsense/answer/1348688?hl=ja

- 広告の配置に関するポリシー
  https://support.google.com/adsense/answer/1346295?hl=ja

- AdSense ポリシーに関するよくある質問
  https://support.google.com/adsense/answer/3394713?hl=ja

また、プログラム ポリシー ガイドブックもpdfファイルで配布されています。

- プログラム ポリシー ガイドブック
  http://services.google.com/fh/files/blogs/google_adsense_programpolicy_guidebook.pdf

これらの内容を読み込んでいただければポリシーに関しては万全なのですが、なかなか読む時間が取れない人もいると思います。下記に概要を抜粋します。

> **プログラムポリシー ガイドブック概要抜粋**
> ❶「自分が広告主だったら？」という立場でコンテンツをつくる
> ❷自己クリックや、クリックの依頼はしない
> ❸訪問者が快適にサイトを見られるようなレイアウトを心がける
> ❹子供が見ても問題ないコンテンツか検証する
> ❺AdSense登録時のメールアドレスはきちんと受信できるようにしておく
> ❻ポリシーチームからの警告メールの内容をしっかり確認する
> ❼同じ違反を繰り返さないようにする

　この7点に気をつけながらブログ運営をしていれば、基本的にAdSenseが停止されることはないはずです。 また、これらの点はAdSense運用だけにかぎらず、読者にとって有益なブログを作成するためのヒントでもあります。自分のブログを見直してみるといいでしょう。

　ブログ運営をしていて、ちょっとでも不安や疑問を感じたら再度プログラムポリシーを読み直しましょう。最初にも書きましたが、危険を犯してグレーゾーンに踏み込んでも誰も得をしません。自分のやっていることが人に誇れるのか、家族に見せられるのかという考えを頭の片隅に入れてブログを運営していきましょう。窮屈に感じるかもしれませんが、**プログラムポリシーに沿った運営をしていたほうが長い期間安定してGoogle AdSenseを利用でき、結果として収益額の最大化を見込むことができます。**

　次項からは、注意したほうがいい項目についてより詳しく解説します。

> **Check!**
> ❶「なんとなくグレーっぽいけど大丈夫そう」でGOしてはいけない
> ❷あなたとGoogleはビジネスパートナーだと肝に銘じておく
> ❸プログラムポリシーは必ず一読しておく

絶対法則 45 自己クリックやクリック依頼は厳禁

Google AdSenseの禁止事項として最重要ポイントは、自分自身で自分の運営ブログの広告をクリックする「自己クリック」と「他人に対してのクリック依頼」です。これらの不正行為は即アカウント停止の可能性があるので、絶対に行わないようにしましょう。

| 重要度 | ★★★★★ | 難易度 | ★☆☆☆☆ | 対応 | HTML | 無料ブログ | WordPress |

不正はGoogleに見抜かれる！

Google AdSenseプログラムポリシーの一番最初に以下のような文章が掲載されています。

- **無効なクリックとインプレッション**
  サイト運営者様が自分の広告をクリックしたり、手動や他の方法で表示回数やクリック数を作為的に増加させたりすることは禁止されています。

- **クリックの誘導**
  サイト運営者様が自分の広告をクリックするようユーザーに促したり、クリック数を増やすために不正な方法を使用したりすることは禁止されています。これには、広告の表示や検索に対してユーザーに報酬を提供することや、そうした行為に対して第三者に支払いを約束すること、個々の広告の横に画像を配置することなどが含まれますが、これらに限定されません。

Google AdSenseでは広告の自己クリックと不正に表示回数を増やすことは禁止されています。もちろん知りあい同士でクリックしあうことも禁止です。「ちょっとぐらいならわからないだろう」という甘い囁きに乗ってはいけません。**Googleの技術力からしてみれば、不正を見抜くのは簡単ですから止めましょう。**最初に書いた通り、Googleは騙す相手ではなくビジネスパートナーです。パートナーらしく、誠意ある態度で運用しましょう。

間違いクリック程度ならば申告の必要なし

作為的にAdSense広告を自分でクリックするのは規約違反ですが、操作ミス等で誤って自分のブログに表示されている広告をクリックしてしまう場合も出て

くるでしょう。その際は慌てることはありません。自動的にGoogleのプログラムで判別され報酬から除外されるので大丈夫です。

> ● 間違って自分の広告をクリックした場合に必要な対処
> 　サイト運営者様が故意に自分の広告をクリックすることは認められませんが、誤ってクリックする場合も十分に考えられます。このような場合にGoogleまで特別にご連絡いただく必要はありません。有効と見なされたクリック数および表示回数に対する収益はこれまでどおりお客様のアカウントに集計されますので、ご安心ください。

https://support.google.com/adsense/answer/1348754

　このように公式のヘルプでも掲載されています。ただし、間違いか作為的かは回数や頻度で判別されると思われるので、できるだけ誤クリックもしないよう気をつけましょう。

どうしても広告先が見たい場合

　これは私もよくあるのですが、気になる広告を見つけると（収益とは関係なしに）広告主のサイトがどうなっているのか見たくなる衝動に駆られるときがあります。そんなときはGoogle サイト運営者向けツールバー（拡張機能Google Publisher Toolbar）を利用しましょう。

> ● Google サイト運営者向けツールバー
> 　（Google Publisher Toolbar）
> https://chrome.google.com/webstore/detail/google-publisher-toolbar/omioeahgfecgfpfldejlnideemfidnkc

この拡張機能はGoogle Chromeというインターネットブラウザで利用することができます。この拡張機能をインストールし、機能を有効にするとChromeの右上にアイコンが表示されます。

● サイト運営者向けツールバーの設定方法

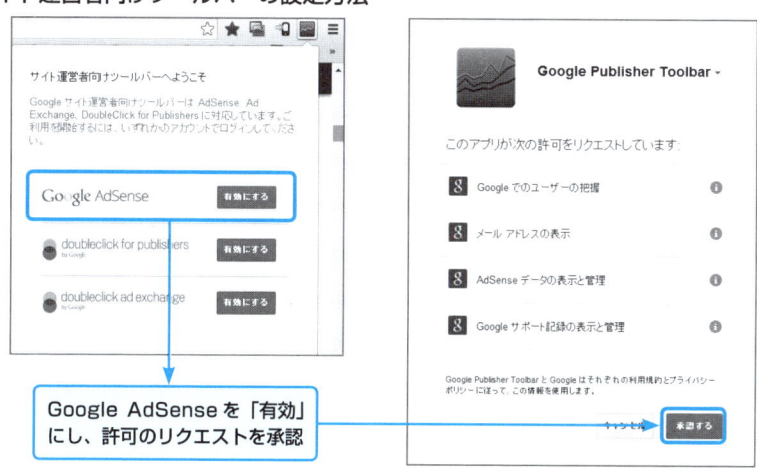

Google AdSense を「有効」にし、許可のリクエストを承認

　Google AdSenseの個所を有効にし、許可のリクエストに承認すると「Googleサイト運営者向けツールバー」が利用可能になります。

● 見積もり収益額、表示しているページに掲載されている AdSense 広告の一覧

　再度、右上のアイコンをクリックすると、見積もり収益額や表示しているページに掲載されているAdSense広告の一覧等を確認できます。

右上のアイコンをクリックして確認できる

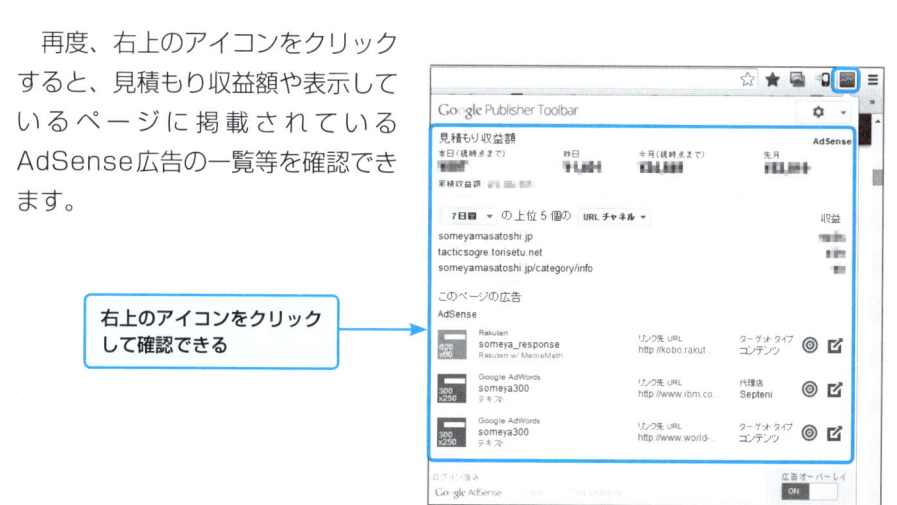

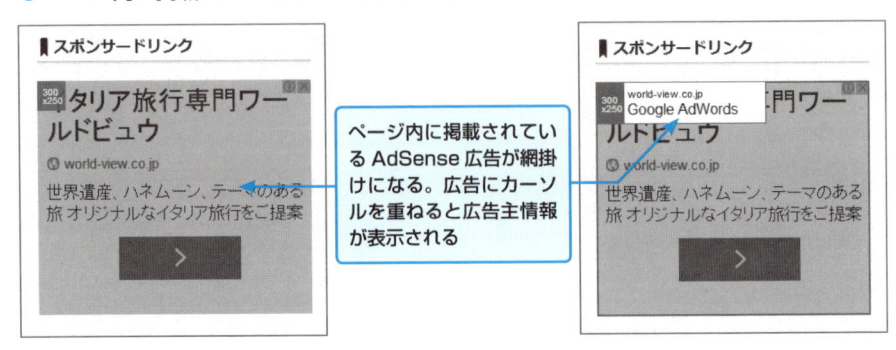

● ページ内に掲載されている AdSense 広告

ページ内に掲載されている AdSense 広告が網掛けになる。広告にカーソルを重ねると広告主情報が表示される

　また、ページ内に掲載されているAdSense広告が網掛け状になります。広告の上にカーソルを重ねると広告主の情報が表示されます。

● 詳細情報の確認

　さらに広告をクリックすることで、詳細情報を確認することができます。ここからリンク先URLをクリックすると広告主のウェブサイトに移動することができます。また、広告のブロック等のコントロールを行うことも可能です。

> Check!
> 1 広告の自己クリックと不正に表示回数を増やすことは禁止されている
> 2 Googleの技術力からしてみれば、不正を見抜くのは簡単
> 3 できるだけ誤クリックもしないよう気をつけよう

絶対法則 46 広告周辺への紛らわしいテキストは禁止

広告周辺に記載できる文章はプログラムポリシーによって明確に指定されています。読者の誤クリックを誘発しないためにも、広告近辺に文字を記載する必要がある場合は、ひと目で広告だとわかるような表示を心がけましょう。

| 重要度 | ★★★★★ | 難易度 | ★☆☆☆☆ | 対応 | HTML | 無料ブログ | WordPress |

事例① 掲載可

広告の上部に掲載できるテキスト（ラベル）は「スポンサードリンク」、「スポンサーリンク」、「SPONSORED LINK」、「広告」など、訪問者が広告だと認識できる表示だけになります。

● 広告だと認識できる表示

スポンサーリンク　　　　　　　　　　　　SPONSORED LINK

広告上部に掲載できるテキストは訪問者が広告だと認識できる表示に限定される

事例② 掲載不可

掲載不可の場合は大きく分けると次の2点になります。

1 誤解を与えるテキスト（ラベル）

「スポンサー」、「推奨」、「パートナー」、「特典」、「リンク」、「ニュース」、「お気に入りのサイト」、「最新ニュース」

2 誤解に基づくクリックの誘導

次のような表現を使用して、Google 広告をクリックするようユーザーを誘導することは許可されません。

- 「広告をクリック！」
- 「広告にアクセスして、チャリティ活動に募金」
- 「スポンサーをチェックして、サイトの運営にご協力を」
- 「新しいサーバーが必要です。ご協力をお願いします！」

ほかにも「矢印またはその他の画像やレイアウトを使用して、広告にユーザーの注目を集めること」や「広告の近くに誤解を招くような画像を配置すること」、「フローティングボックスの使用（画面を下に下げていくとサイドバーが追尾してくるような仕様）」なども禁止されています。

詳細や事例は以下のリンクからも閲覧できるので、自分のブログが該当していないかチェックしましょう。

> ● **広告の配置に関するポリシー**
> https://support.google.com/adsense/answer/1346295?hl=ja

Chapter-3の **絶対法則26** （108頁参照）で解説した「広告とコンテンツを馴染ませる」という内容に相反するように感じますが、**「読者に違和感を与えない」**ということと「読者に誤認識を与えてクリックを誘導する」ということは違います。読者は広告だと認識しても、その広告内容に興味があればクリックして広告主のウェブサイトに訪問します。誤認識でリンク先のウェブサイトに訪問した読者は広告主に何のメリットも与えませんし、誤解を生じるようなブログにまた訪問したいと思うでしょうか？ **自分の収益が伸びればいいという考えではなく、関わった人みんなに利益が発生するような気持ちでブログを運営しましょう。**

> **Check!**
> 1. 広告上部に掲載できるテキストは訪問者が広告だと認識できる表示に限定される
> 2. 誤解を与える表現は NG
> 3. 広告をクリックするようユーザーを誘導することも NG

絶対法則 47 アダルトコンテンツは厳禁！

Google AdSense の禁止コンテンツの概要は Chapter-1 でも載せましたが、特にアダルトコンテンツについては厳しくチェックされています。もちろん、ほかの禁止コンテンツも厳しくチェックされていますが、アダルトコンテンツは線引きが難しいものです。補足的に解説します。

重要度 ★★☆☆☆　難易度 ★☆☆☆☆　対応 HTML 無料ブログ WordPress

何が該当するのか？

具体的なアダルトコンテンツは以下の項目が該当します。

アダルトコンテンツに該当するもの
- ヌード、ポルノ、児童ポルノ
- 性的欲求を刺激するコンテンツ
- フェチ、性的補助
- 国際結婚斡旋、エスコート サービス、アダルト向け、性的なデート サイト
- 外部のアダルト サイトへのリンク
- アダルト検索結果
- 露骨な性描写、過激な表現
- コメント スパム
- 性的な助言、性機能向上

　基本的にグレーゾーンには踏み込まないというのが私の持論なのですが、水着の女性の画像を載せるのはどうなのかという質問を受けることもあります。Googleといえども一つひとつの画像を目視で確認できるわけではありませんので、一定の基準で判断がくだされるわけですが、その1つの要素として「ファミリーセーフ」という考え方があります。

ファミリーセーフの概念

　Googleも公式にアダルトコンテンツに関するポリシーの解説動画を公開しています。

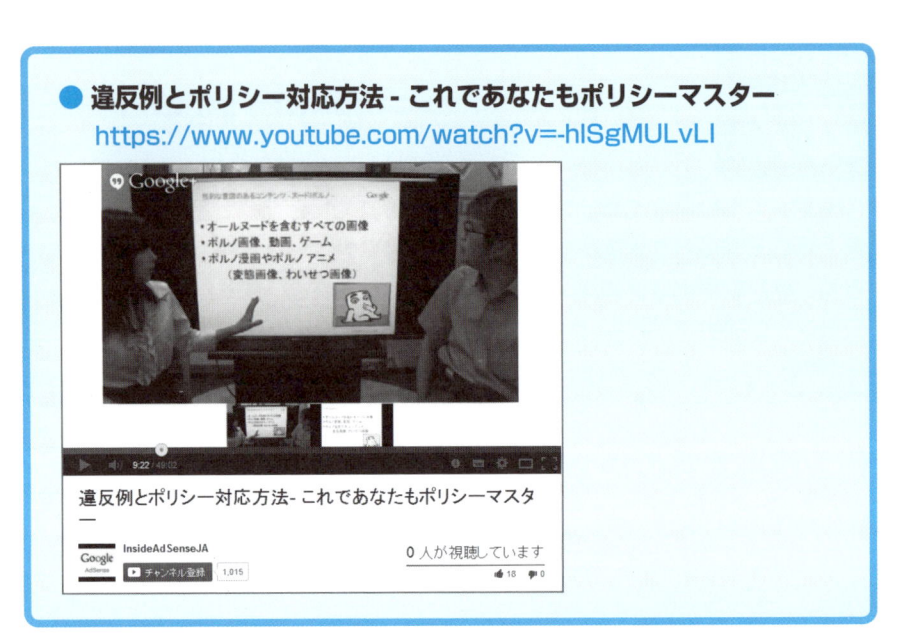

> ● 違反例とポリシー対応方法 - これであなたもポリシーマスター
> https://www.youtube.com/watch?v=-hlSgMULvLI

　内容的には、なぜアダルトコンテンツが禁止なのか、何がアダルトコンテンツに該当するのかという点が最初の20分程度で解説されています（全部で50分程度の動画です）。**「まともな企業が掲載しないようなコンテンツには広告も掲載されません」ということが一番のメッセージとなっています。**要は、Googleの広告ネットワーク内にアダルトコンテンツを掲載しているようなウェブサイトに広告を載せたい企業はないということです。

　「AdSense ポリシーに関するよくある質問」にも以下のように明記されています。

> 画像やテキストがアダルト コンテンツかどうか判断が付かない場合は、それが子どもに見せたくないコンテンツではないか、同僚の前で閲覧するのが恥ずかしくないかを目安にしてください。そのようなコンテンツは一般向けではないので、AdSense 広告コードを設定しないでください。

　この「子どもに見せたくないコンテンツ」というのが1つの目安となります。自分のパートナーや子どもが、あなたの運営するブログを見ても大丈夫かという視点は非常に大切です。

　何度も言うようですがGoogle はあなたにとってビジネスパートナーです。自分で悩ましいと思ったことは行動に移さないようにしましょう。

絶対法則 48 気づかないうちにやってしまいがちな違反事例

自分では大丈夫と思っていてもプログラムポリシー違反になっていることはよくあります。知らぬ間に続けているとアカウント停止ということにもなりかねません。この頁ではよく見られるポリシー違反について解説します。

重要度 ★★★★★　難易度 ★☆☆☆☆　対応 HTML　無料ブログ　WordPress

事例 ❶ アルコールに関するコンテンツ

　ビール、ハード リカー、リキュールを「販売」または「宣伝」するページでの広告掲載は許可されていません。このほか、巻きタバコ、葉巻、タバコ パイプ、巻紙など、タバコやその関連商品を「販売」または「宣伝」しているサイトに広告を掲載することも許可されていません。広告の掲載が許可されないコンテンツには、アルコール、タバコに関するコンテンツ ポリシーに従っていないサイトへのリンクが掲載されているものも含まれます。

　線引きがとても難しいのですが、**「お酒を飲みに行った、タバコを吸った、おいしかった」程度の記事であればポリシーに抵触しません。**しかし、飲んだお酒や吸ったタバコをアフィリエイトリンクで紹介したり、販売サイトへリンクを張ったりすることは止めておいたほうがいいでしょう。

　ただしビールの醸造、または蒸留に関する情報を提供するコンテンツや、禁煙に関するコンテンツでの広告掲載は許可されています。もしこれらの情報をテーマとするブログを運営したい場合は、表現方法に細心の注意を払って記事にしていきましょう。

事例 ❷ スクロールしなければ見えない位置にコンテンツを押し下げるレイアウト

　ブログを閲覧した際の一番最初に開いた画面にAdSense広告が大々的に配置されており（例：レクタングルが横に2つなど）、記事本文を読むためにブログを下部にスクロールさせる必要があるレイアウトがこの項目に該当します。

● ポリシー違反事例

サイト全体 / **実際に表示される画面**

AdSense 広告がブログ上部に配置されておりスクロールしないと記事が見えない状態

事例 ❸ スマートフォンでのポリシー違反事例

　最近ではブログのアクセスがパソコンよりもスマートフォンからのほうが多いという状況もあたりまえになってきています。そのため、広告配置もスマートフォン向けに最適化しておく必要があります。2点ほど意外と知られていないポリシー違反があるので明記しておきます。

1 レクタングル広告をスマートフォン向けのサイト上部へ配置

　レクタングル広告（300×250）をスマートフォン向けのサイト上部へ配置することは、コンテンツを押し下げるためポリシー違反になります。これはAdSense ポリシーに関するよくある質問内でも明確に禁止されています。

2 ユーザーフレンドリーではない場合
　（1画面内に2つの広告が同時に表示される）

　プログラムポリシーの公式見解としては出ていませんが、AdSenseの配置位置に関してはコンテンツが十分に表示されるような配置が原則となっています。1画面に複数の広告が表示されることは読者にとっても好ましくありません。

　特に本文が短かったり、レスポンシブウェブデザインのブログレイアウトを利用していて記事下部に2つのレクタングル広告を張っていたりすると、1画面内に2つの広告が表示される場合が発生します。

　読者にとって読みやすさを感じてもらえるような広告配置を心がけましょう。

● ポリシー違反事例　　　　● 好ましくない配置事例

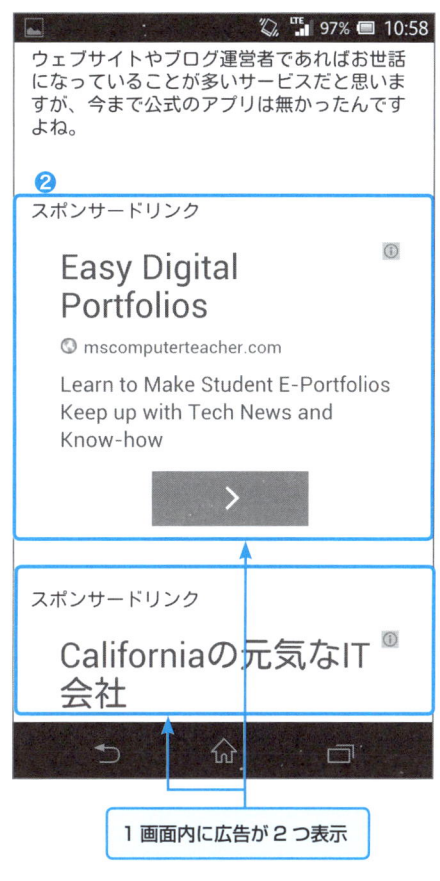

❶ 記事上部のレクタングル広告（300 × 250）の配置

❷ 1画面内に広告が2つ表示

5　Google AdSenseでやってはいけないこと

> **Check!**
> ❶ 線引きが難しいが疑わしいと感じたら掲載を避ける
> ❷ ファーストビューに AdSense 広告が大々的にあるのは NG
> ❸ スマートフォンのポリシー違反は意外と知られていないので要注意

絶対法則 49 警告メールが届いたらすぐに対応を！

誰でも波風立たずにブログの運営を行い、Google AdSense で収益を上げ続けていくことが理想でしょう。しかしながら長い期間 AdSense を運用していると、どこかでポリシー違反の警告を受けることもあります。その際にはあわてず、冷静に対処することが重要です。

| 重要度 | ★★★★☆ | 難易度 | ★★☆☆☆ | 対応 | HTML | 無料ブログ | WordPress |

あわてないで1つずつ対応しよう

　はじめてGoogleから警告メールが届いたときは心臓がキュッと締めつけられるような緊張が走ります。一度でもあのメールを受け取ったことがある人は実感してもらえると思います。

　ただ、**警告メールが届いたからといって慌てることはなく、しっかりと対処すればまったく問題ありません。**心を落ち着けて内容を確認しましょう。

● 私のアカウント宛に届いた警告メール

　何かしらの規約違反をしているとこのようなメールが届きます。なお、違反の内容によってメールの文言は変わります。

　このメールが届いたら3営業日（72時間）以内にブログの修正をする必要があります。3営業日が経過すると、Google AdSenseのポリシーチームによっ

て自動的にブログの内容チェックが行われます。なお、ブログの修正後は「ポリシー違反」セクションの「解決済みにする」をクリックして、変更内容をフォームに記入してください。
(画像提供:「しゅうまいの256倍ブログ neophilia++」
　http://shumaiblog.com/google-adsense-violation-notification/)

● Google AdSense の管理画面にも赤のラインで警告が表示される

ブログ修正後の申請方法

それではブログ修正後に行う、Googleへの申請方法を説明していきます。

手順1 「ステータス」を選択

右上部の設定アイコンからステータスを選択

手順2 「解決済みにする」ボタンをクリック

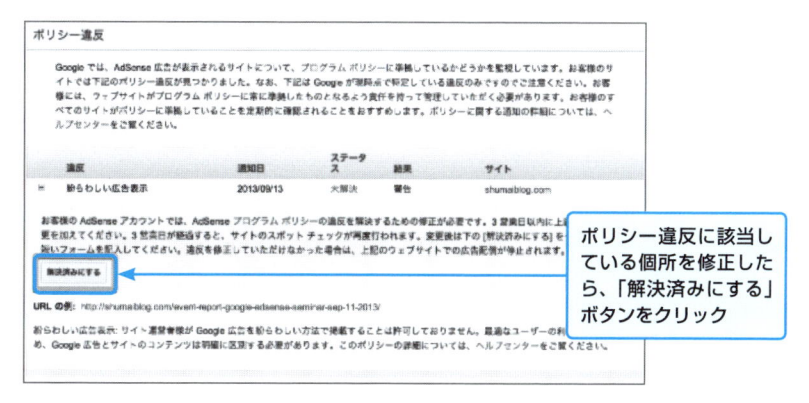

ポリシー違反に該当している個所を修正したら、「解決済みにする」ボタンをクリック

手順3 修正した内容を選択、記入

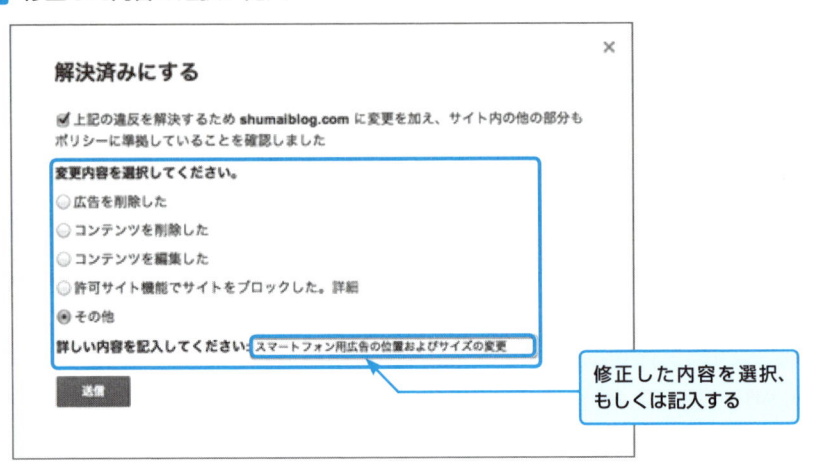

> 修正した内容を選択、もしくは記入する

手順4 ステータスが解決済みになる

> これでステータスが解決済みになる。あとはGoogleのチェックを受けて、問題がなければそのまま運用できる

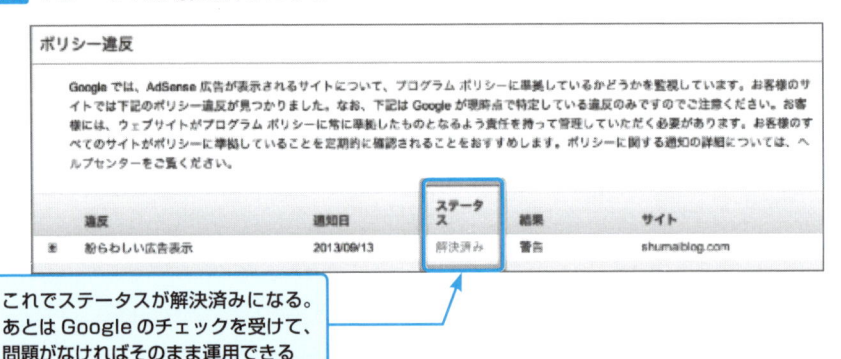

AdSenseポリシー違反の3段階

　AdSenseのポリシー違反には3つの段階があります。軽いほうから「1.警告メール」、「2.広告配信停止」、「3.アカウント停止」の順序になります。

⚠ 違反❶ 警告

　これは本項で解説したもので、72時間以内に問題個所を修正するようにGoogleから通達されるメールのことです。

⚠️ 違反❷ 広告配置停止

　Googleの警告に従わなかった場合に実施される措置で、ウェブサイトにAdSense広告が表示されなくなります（違反コンテンツのレベルにより、警告メールがなく広告配信が停止される場合もあります）。**この「広告配信停止」状態が自分のブログ全体を調査し、必要な是正措置を施す最後のチャンスとなります。**この状態でもしっかりと問題個所の是正を行えば問題ありません。ただしアカウント自体のモニタリング（監視）は継続されます。さらなる違反が発生した場合には「AdSense　アカウントの停止」という措置になり、今後GoogleAdSenseを利用することはできなくなります。

⚠️ 違反❸ アカウント停止

　そして一番重い措置が「アカウント停止」です。**規約違反を繰り返すユーザーはアカウント停止となり、以降、AdSenseプログラムを利用することはできなくなります。**こちらも違反コンテンツのレベルにより、警告メールなくアカウント停止になる場合があります。

　なお、以下のヘルプページで広告配信の停止やアカウントの無効化について解説されているので、警告メールが届いたら熟読して適切に対応しましょう。

- **広告またはアカウントの無効化／ホームページのポリシー通知**
  https://support.google.com/adsense/answer/3229242

- **広告またはアカウントの無効化／ウェブサイトへの広告配信が停止された場合**
  https://support.google.com/adsense/answer/113061

- **広告またはアカウントの無効化／ポリシー違反によるアカウントの警告と停止**
  https://support.google.com/adsense/answer/4509608?hl=ja

Check!

1. 警告メールが届いたからといってあわてることはなく、しっかりと対処すればまったく問題はない
2. 警告を受けた個所を期限内に修正しなかった場合、ブログへの広告表示は停止される
3. 度重なる違反が発生した場合には「AdSense アカウントの停止」という措置になり、今後 Google AdSense を利用することはできなくなる

絶対法則	アカウント停止に
50	なってしまったら

基本的にGoogle AdSenseのプログラムポリシーに沿ってウェブサイトの運営をしていればAdSenseアカウントがいきなり停止されるということはほとんどありませんが、今回は配信停止になった場合の対処方法を説明します。

| 重要度 | ★★★★☆ | 難易度 | ★★☆☆☆ | 対応 | HTML | 無料ブログ | WordPress |

万が一のための予防策

　Google AdSenseのプログラムポリシーに沿ってウェブサイトの運営をしているつもりでも、無意識にポリシー違反をしている可能性もあります。ポリシー違反に対しては、前項で解説した通りGoogle AdSenseの担当者が該当するアカウントに警告メールを送り、違反個所の修正を促します。この警告を無視しているとアカウント停止になります。また、悪質な違反の場合には警告なしでアカウント停止になる可能性もゼロではありません。

　ただ、**ごく稀にポリシー違反の心当たりがないのにアカウント停止になってしまうこともあるようです。**そんなときはGoogleに異議を申し立てることができます。申し立てを行ったからといってアカウントが再開されるとはかぎりませんが、Google側で再度調査を行ってくれます。ポリシー違反をしていないのにアカウント停止になってしまった場合は異議を申し立ててみましょう。

1 念のためIDはメモしておく

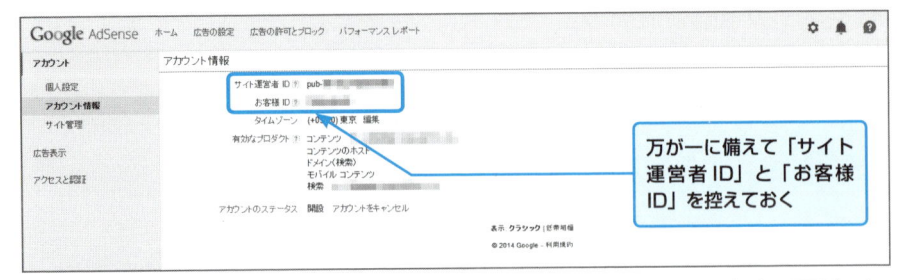

万が一に備えて「サイト運営者ID」と「お客様ID」を控えておく

　アカウントを停止されると管理画面に入ることができなくなります。万が一に

備えて「サイト運営者ID」と「お客様ID」を控えておきましょう。右上の設定アイコンから、「設定＞アカウント情報」で確認することができます。

2 日々の収益状況／アクセス状況をチェックしておく

　AdSenseのヘルプページにも明記されていますが、自分のアカウントを常々チェックし、疑わしい操作が行われていないか確認しておくことが重要です。

　特に、ブログへのアクセスユーザーとアクセスパターンを認識しておくことが一番基本で一番大切なポイントです。

　Googleアナリティクスを使用して、サイトへのアクセス ユーザーに関する詳しい情報を取得し、ユーザーの操作に疑わしいものがないかどうかを常に監視するようにします（例えば、ユーザーのアクセス地域やアクセス元のウェブサイト、サイト内での閲覧ページなどを確認します）。

● **不正な操作を防止する方法**
https://support.google.com/adsense/answer/1112983

　なお、クリック数やアクセス数などの異常値を発見した場合はGoogleに連絡することができます。フォームから連絡することで不意のアカウント停止を回避できる可能性もあるので、適宜、状況をチェックしておきましょう。

● **無効なクリックの連絡フォーム**

https://support.google.com/adsense/contact/invalid_clicks_contact

3 異議申し立て

　どれだけ細心の注意を払っても、アカウントが停止される可能性はゼロではありません。**Googleの決定に誤りがあると思われ、無効なクリック操作が自分自身あるいは自分の監督下の人の作為的な操作や過失によるものでないことを確信できる場合は、アカウントの停止に対して申し立てを行うことができます。**「無効な操作が原因で AdSense アカウントが停止された場合」のヘルプページをよく読み、申し立てフォームから申請しましょう。

● 無効なアカウントについての申し立て

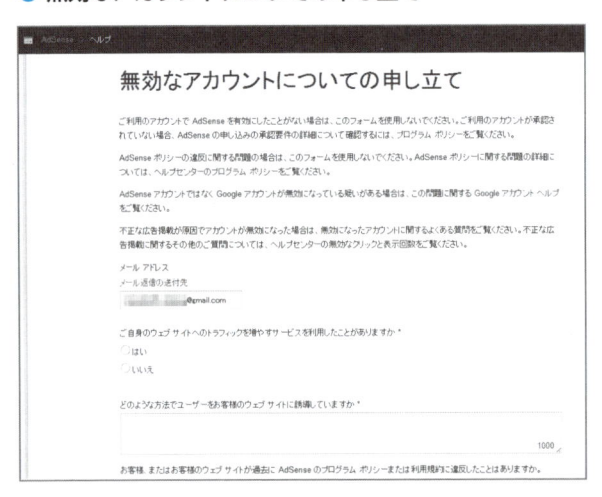

● 無効な操作が原因で AdSense アカウントが停止された場合
　https://support.google.com/adsense/answer/57153

● 無効なアカウントについての申し立て
　https://support.google.com/adsense/contact/appeal_form

Check!

1. 無意識にポリシー違反をしてアカウントが停止になるときもある
2. アカウント停止について Google に異議申し立てができる
3. 自分のアカウントを常々チェックし、疑わしい操作が行われていないか確認しておくことが重要

絶対法則 51 著作権を順守しよう

Google AdSense にかぎった話ではありませんが著作権は順守しましょう。商用の書籍や映像はもちろん、インターネット上で配信されている記事にも、そしてあなた以外の人が書いたブログ記事にも著作権は存在します。

重要度 ★★★★★　難易度 ★★★☆☆　対応 HTML　無料ブログ　WordPress

著作権は著作物を作成した人に発生する権利

著作権についてはAmebaブログのヘルプがとてもわかりやすく著作権についてまとめているので引用させていただきます。

著作権について、よくわからない！という方へ

著作権とは、小説・論文、音楽、絵画、映画、写真などの著作物を作成したその作成者に発生する権利のことを言います。

この著作権ですが、近年のインターネットの普及により、みなさんも知らず知らずのうちに法律に違反してしまう可能性があるかもしれませんので、注意が必要です。例えば、このページは弊社の著作物ですし、みなさまがアメーバブログに書いた記事はみなさまの著作物になります。

この著作物を、作成者の同意を得ることなく、他人が勝手に使ったり売ったりしてはいけない、ということが著作権法でうたわれています。
この法律はブログを書くときにも、動画を投稿するときにもあてはまります。

● アメーバヘルプ > トラブルを防ぐために > 著作権の考え方
http://helps.ameba.jp/trouble/copyright.html

著作権に関するさらに詳しい解説は、アメーバヘルプをご参照ください。

またAdSense日本語版公式ブログでも著作権について解説されています。こちらもあわせて確認してみてください。

● Google AdSense 日本語版公式ブログ
http://adsense-ja.blogspot.jp/2013/09/adsense_11.html

人が書いたものを勝手に掲載してはいけない

　とにかく、人が書いたものを勝手に自分のものとして掲載してはダメということです。自分が書いた記事を無断で転載されたら嫌な気持ちになりますよね。そして**他人の記事を利用してばかりで収益を上げたとしても、あなた自身の能力はまったく向上しません**。強いていえばコピー＆ペーストのスピードは上がるかもしれませんが、たったそれだけです。それよりも知識や経験を深めて、あなた独自の魅力的な文章を書けるようトレーニングを積みましょう。たしかにコピペは楽で簡単でしょう。日々のトレーニングは大変に感じるかもしれません。でも遠回りに見えるかもしれませんが、長い期間安定して収益を上げ続けられるのは、自分自身の能力を高めている人だけです。遠回りが一番の近道だという言葉を頭の中に閉まっておきましょう。

自分の記事が盗用されてしまったら

　ブログを運営していると、自分の記事が他人のブログに無断でコピーされてしまう場合もあります。デジタルコンテンツはコピーが容易だという点が一番の特徴なので、コピー自体を完全に防止することは非常に難しいです。僕自身は盗用ブログを発見しても「あぁ、かわいそうな人だな」と思って放っておくタイプなのですが、苦労して書いた記事が簡単にコピー＆ペーストをされてしまうのを嫌がる人が大多数だと思います。その際の対処方法について解説します。

⚠ 悪意ない盗用は問いあわせてみる

　他人のブログ記事を勝手に転載している人は２つのパターンに分かれます。まず１つ目が悪意なくコピーしている運営者の場合です。まだブログ歴も浅く、著作権の知識も少ない人にありがちです。こちらの場合は問いあわせフォーム等でコンタクトを取り、転載をやめてもらうよう依頼すれば解決する場合がほとんどです。

⚠ Googleの検索結果に盗用された記事を表示させない

　問題なのは確信的に盗用を行っている運営者です。この場合は連絡を取っても

無視される、あるいは連絡すら取れない場合がほとんどです。そのようなときの対処法が以下のブログで詳しく解説されています。

- **無断コピーされたコンテンツを Google のインデックスから削除する方法**
  http://www.suzukikenichi.com/blog/how-to-submit-dmca-notice-online/

- **著作権侵害による削除／ Google ウェブマスターツール**
  https://www.google.com/webmasters/tools/dmca-notice

　要は盗用された記事を、Google 検索の結果に表示させないようにするということです。

　このほかにも「パクリブログ　対策」と検索すればさまざまな対処法が表示されるので、必要だと思う対処法を行ってみてください。ただこの作業は非常にネガティブな行為になるので、個人的には自分しか書けない記事を書くという方向に力を向けたほうがいいかとは思います。

これからの時代、記事の内容も確かに重要ですが、「誰が書いたか」ということはもっと重要になってくると予想しています。コピーはあくまでもコピーでしかありません。オリジナルで勝負ができる能力を磨くということを忘れずにブログを運営してください。

> Check!
> 1. 商用の書籍や映像、インターネット上で配信されているブログ記事にも著作権は発生している
> 2. とにかく人が書いたものを勝手に自分のものとして掲載しては NG
> 3. 悪意なき盗用はお問いあわせフォームから問いあわせてみると解決することが多い
> 4. 確信犯への対策として Google の検索結果に、盗用された記事を表示させないようにすることができる

コラム

引用を活用しよう

著作権法を理解する

　無断転載は言語道断ですが、著作権法には「一定の条件を満たせば」公開されている著作物を自由に引用できると明記されています。

　（引用）
　第三十二条　公表された著作物は、引用して利用することができる。この場合において、その引用は、公正な慣行に合致するものであり、かつ、報道、批評、研究その他の引用の目的上正当な範囲内で行なわれるものでなければならない。
　2　国若しくは地方公共団体の機関、独立行政法人又は地方独立行政法人が一般に周知させることを目的として作成し、その著作の名義の下に公表する広報資料、調査統計資料、報告書その他これらに類する著作物は、説明の材料として新聞紙、雑誌その他の刊行物に転載することができる。ただし、これを禁止する旨の表示がある場合は、このかぎりでない。

> ● 著作権法
> http://law.e-gov.go.jp/htmldata/S45/S45H0048.html

引用を行う6つのルール

　一定の条件とは大きく分けて以下の6つが挙げられます。

❶ 引用を行う「必然性」がある
　その引用がなければ文章が成り立たない。

❷ 自分の文章が「主」、引用部分は「従」である
　引用はあくまでも補足的情報で、主となる内容は自分のオリジナルの文章であること。

❸ 引用部分は他の部分と区別されている
　カギカッコや斜体等で、どこからどこまでが引用か区別されている。

❹ 引用部分を改変していない
　引用した文章を勝手に編集してはいけない。

❺ 出典が明記されている
　誰の何という文章かという出所を明らかにしている。ウェブサイトであれば記事タイトルとURLが該当。

❻ 正当な範囲内である
　適切な量を使用し、引用しすぎてはいけない。

　しっかりとルールを守れば参考となる文章を掲載することは法的にも認められているので、有益に活用しましょう。

Chapter - 6

月額報酬1万円の壁を超えるために

Chapter-5 までは Google AdSesne で収益を上げる基本、いわゆる基礎体力の向上をテーマにして解説してきました。最初からテクニックに走ると小手先になってしまい小さな効果しか生みません。しっかりとした土台をつくった状態でテクニックを活用することで、効果を最大化することができます。今までの内容をしっかり理解したうえで、Chapter-6 に書いてあることに取り組んでください。

絶対法則 52 目標を達成するために……数値を細分化する

100記事あるいは3～6カ月の運営期間を超えてくるとアクセス数や収益が少しずつ伸びてきます。ただ月額1万円という目標では漠然としてしまいがちなので、目標数値を細分化して実感が持てる金額に設定しましょう。

重要度 ★★★★★　難易度 ★☆☆☆☆　対応 HTML　無料ブログ　WordPress

まずは1日300円をクリアしよう

まずは1日300円を目標としてみます。300円の収益を上げるには、1クリックの平均単価が30円だとして10クリックが必要です。クリック率が1%だとしたら10クリックしてもらうには1日1,000ページビューが必要になります。1つの記事が毎日10PVを集めるのであれば、100記事あれば1日1,000PVに到達します。

問題の課題化をする

問題の課題化
- 1クリックの平均単価を上げたければ……
  ➡ 意識的に広告単価が高いテーマの記事を増やしてみる
- クリック率を上げたければ……
  ➡ 広告の配置を見直したり、読者の関心度が低いと思われる広告をブロックしてみる
- 1つの記事のPVを向上させたければ……
  ➡ 文章力を向上させたり、内容の精査をしてみる
- 記事数を早く増やしたければ……
  ➡ 1日の時間配分を見直したり、1記事を書き上げるスピードを上げてみる

このように自分が理解できる要素まで分解して考えることが重要です。これを**問題の課題化**といいます。問題を課題レベルまで分解することで、ようやく何をしたらいいのかが見えてくるのです。

AdSenseチームから直接メールサポートが受けられる 週2,500円の収益を目指そう

　毎週の収益額が継続的に25米国ドル（または現地通貨の相当額）を超えているサイト運営者は、AdSenseチームから直接メールサポートを受けることができます。

- **AdSenseで利用できるサポート**
  https://support.google.com/adsense/answer/2581949?hl=ja

　該当するアカウントはGoogle側で自動的に判別されるのですが、目安としては過去5週間の収益を確認しているようです。ただ毎週の収益が25米国ドル前後で推移している場合は、収益が安定的に25米国ドルを超えるようになるまで該当のアカウントに認定されない場合もあります。

- **「お問い合わせ」フォーム**

サポートアカウントに認証されると「お問い合わせ」フォームにアクセスできるようになります

　週2,500円ということは、1日約400円の収益を計上する必要がありますが当初の目標として設定しておくと励みになるかもしれません。そして、サポートアカウントに認定されたら、積極的に疑問点を質問して足りない知識を補完していきましょう。

- **お問い合わせ**
  https://support.google.com/adsense#contact=1

絶対法則 53　自分の強み・弱点を認識するために自分の課題を明確化する

絶対法則52 では数値面の細分化を行いましたが、今回は得意分野・不得意分野の能力の細分化です。人間の能力は数値で表せないので課題を見つけづらい傾向があります。ただ、ここでも自分で理解できるぐらいまで細分化を行うことで強化しなければいけないポイントを認識することができます。

重要度　★★★★★　難易度　★☆☆☆☆　対応　HTML　無料ブログ　WordPress

人が集まるブログの方程式

　AdSenseの収益を向上させるために必要なものとして、「アクセスの量×適切な広告配置」という方程式が成り立ちます。広告配置についてはChapter-3 で解説したので、しっかりと読んで広告の知識を伸ばしてください。ではアクセスを増やすためにはどうしたらいいのでしょうか。

　そもそも人が集まるブログとは「**記事の量×記事の質＝ファンの増加**」という方程式で表すことができます。この方程式は演算子が「×」になっている点がポイントです。どちらかがゼロならば合計値はゼロになり、どちらかが小数点以下であれば絶対値も小さくなります。ファンが増える＝アクセスが増える＝結果として収益も向上していく傾向になります。

　でも「記事の量」はわかりますが、「記事の質」といわれても漠然としていてイメージできません。このようなときこそ自分が理解できるまで細分化していく必要があります。

腑に落ちるまで要素を分解してみる

　次頁の図は「質」という漠然とした概念ではなく、細分化して理解できる要素に分解したものです。
　あくまでもこれは私のパターンなのですが、「質」を分解すると「視点」と「文章力」に分解できます。同様に「視点」は「知識」と「体験」に、「文章力」は「優しさ」と「構成力」に分解できます。このように自分の腑に落ちるぐらいまで要

素を分解することで、自分は何が優れているのか、何が足りないのかを客観的に認識することができます。自分自身でわからなくても、第三者に聞くときにどの要素が強みでどの要素が弱みなのかを指摘してもらえます。

　どこまで分解するのかは人によって変わりますが、重要なのは自分が理解できる要素まで分解して課題を見つけるということです。漠然と「文章の質を上げよう」と思っていてもできません。構成力が足りないのか語彙力が足りないのかを認識し、自力を底上げするトレーニングをする必要があります。

　そして忘れてはならないのが演算子は「×」だということです。**自分の能力の絶対値を上げていくことで質は格段に向上していきます。ぜひ課題を抽出し強化していってください。**

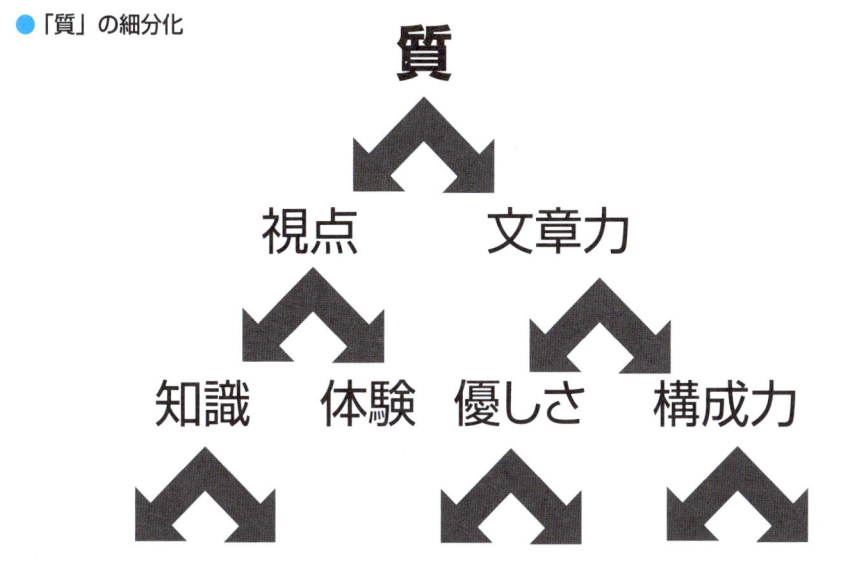

● 「質」の細分化

```
                    質
                 ↗     ↖
              視点      文章力
            ↗    ↖    ↗      ↖
         知識   体験  優しさ    構成力
        ↗  ↖         ↗  ↖    ↗  ↖
     語彙力 読解力  洞察力 ロジック 主張 論証
```

Check!
1. 人が集まるブログの方程式は「記事の量×記事の質＝ファンの増加」
2. 自分が理解できるまで不明な要素を細分化していく必要がある
3. 自分の腑に落ちるまで要素を分解することで、自分は何が優れているのか、何が足りないのかを客観的に認識することができる

絶対法則 54 複数のブログを運営してみよう

1つのブログだけで大きなアクセスを集め収益に繋げられたら効率的ですが、あなたの取り扱うテーマが世間に受け入れられるとはかぎりません。3カ月から半年間更新してほとんど成果が発生しない場合、ブログの情報は読者に受け入れられていない可能性が高いです。そんなときは1つのブログに固執せず近隣のジャンルがメインのブログを新たにはじめてみましょう。

| 重要度 | ★★★★★ | 難易度 | ★☆☆☆☆ | 対応 | HTML | 無料ブログ | WordPress |

過去の記事を再編集してスピンアウトさせる

　私の事例ですが、レシピをメインテーマにするブログを運営していたもののなかなか成果に繋がらなかったので、ブログ内の食べ歩き（ランチ、ディナー）情報だけ独立させて銀座のランチスポットを紹介するブログをつくりました。さらに埼玉のグルメスポットを紹介するブログも同時期に立ち上げています（埼玉県在住なので、埼玉のレストランに足繁く通っていました）。

　ブログをつくり直すというと抵抗がある人も多いと思いますが、以前に書いた記事を再編集して投稿するだけでもかまいません。**3カ月前に書いた文章は、あくまでも3カ月前のあなたが書いた文章です。たとえ同じ題材でも、3カ月間文章を書き続けた成長後のあなたが書くことで、まったく違ったテイストの記事になります。**まったくのゼロから新しくブログを立ち上げるわけではなく、3カ月、半年と自力を積み上げたあなたがつくるわけですから、1度目の立ち上げ時よりもスムーズに構築することができるでしょう。もし成果が思ったように上がらないと思ったら、思い切って新しくブログをつくってみるのも1つの施策です。

成果が上がっているブログの水平展開をする

　そしてもう1つ、複数のブログをつくったほうがいいパターンがあります。それは成果が上がっているブログの水平展開です。**ここでいう水平展開とは成果が上がったブログのパターンを隣接するジャンルに活用しようというものです。**

　こちらも私の事例ですが、国内で50万台以上売れたXperiaというAndroid

スマートフォンの解説サイト「Xperia非公式マニュアル」の成功パターンを抽出し、約半年後に発売された（当時）最新のAndroidオペレーションシステムを搭載していたGalaxy Sの使い方を解説した「Galaxy S非公式マニュアル」をつくりました。また、国内ではじめておサイフケータイ、赤外線、ワンセグ機能を搭載したauのIS03の使い方を解説した「IS03非公式マニュアル」も開設しています。これが水平展開のパターンに該当します。

● Galaxy S 非公式マニュアル
http://someya.tv/galaxys/

● IS03 非公式マニュアル
http://someya.tv/is03/

成功要因を分析して次のブログに繋げる

　これらのウェブサイトはスマートフォンというまったく新しい文化を創出したXperiaの成功事例から「機種を絞った解説サイト」の需要は大きいという仮説を立て、発売日の1カ月前から準備をして運営していたものです。

　Xperiaよりも半年遅れで発売されたGalaxy Sは、当時iPhoneでもXperiaでも閲覧できなかったFlashという技術に対応していました。

　IS03についてはau初のAndroidスマートフォンという点と、従来の携帯電話ではあたりまえの機能だった「おサイフケータイ」「赤外線」「ワンセグ」をスマートフォンではじめて搭載した機種だったので、両方の強みを重点的に解説した内容にしました。結果として、発売初日から3万PVを超えるような結果に繋がりました。

　このように1つ成功したブログがあれば、その成功要因を分析して次のブログに繋げることで複数のブログから同規模の収入を得ることができるようになります。複数の収益源があるということは、検索アルゴリズムの変動等で1つのブログからの成果が落ちたとしてもほかのブログの収益によって補完できる安定性を得られます。**あなた独自の成功パターンを数多くつくっておくことで、収益の増加とリスクヘッジを同時に行えるようになるわけです。**

> **Check!**
> 1. ブログの成果が出ない場合は以前に書いた題材を編集して投稿するという方法もある。以前とは違って視点で物事を紹介できるはず
> 2. 成果が上がったブログのパターンを隣接するジャンルに活用する
> 3. あなた独自の成功パターンを数多くつくっておくことで、収益の増加とリスクヘッジを同時に行えるようになる

コラム

海外向けの情報提供／海外からの情報の翻訳

複数のブログ運営の1つのヒントとして他言語化が挙げられます。

● culture japan
http://www.dannychoo.com/

「culture japan」（カルチャージャパン）はその名の通り日本の文化を海外向けに発信しているブログメディアです。日本語だけでなく、英語、中国語など6カ国語に対応しており、多言語化することで1つの情報を世界中の人に届けることが可能になっています。

また（こちらは直接的にはブログの複数運営とは関連しませんが）、他言語化の逆パターンとして海外の最新情報を日本語に翻訳して伝えるという手法もあります。

● 海外SEO情報ブログ
http://www.suzukikenichi.com/blog/

インターネットやマーケティングは英語圏のほうが進んでいる情報が配信されることが多いものです。また、海外の芸能情報を好む人も数多く存在します。しかしながら情報を求めている人全員が英語を読解できるとはかぎりません。求められている情報を日本語に翻訳し、わかりやすく伝える行為は十分価値を生み出します。語学が堪能ならば、このような他言語化／翻訳にチャレンジしてもいいかもしれません。

コラム

失敗とは何か

　成功したいという気持ちが強ければ強いほど、失敗を極端に恐れる傾向があります。でも失敗とは何でしょうか？　アクセスが集まらない、思うように収益が上がらない、ブログのデザインが壊れてしまった、ブログが炎上してしまった、AdSense サポートから警告メールをもらってしまった……などなどいろいろなパターンが考えられますが、これらは経験であって失敗ではありません。強いていえば、本書のテーマとして挙げられる失敗とは「AdSense アカウントの停止」だけです。それ以外はすべて経過であり、経験としてあなたの血肉となります。

　私は、失敗とは「失敗を恐れて何もしないこと」だと考えています。成功の反対が失敗であるという概念が強いとチャレンジができなくなります。仮説を立てて実践し、結果を検証することが成功への唯一の道であるのに、成果が出ないことを過度に恐れて何もしないのは本末転倒です。もし成功の反対が失敗だと感じていたら、その認識を変えていきましょう。

　そしてせっかくブログを書いているのですから、その失敗も記事のネタにしていきましょう。 絶対法則49 （172頁参照）に載せた、AdSense チームからの警告メールを題材にした項目もこれに該当します。失敗だと感じる情報にも必ず価値があり、必要としてくれる人は存在します。

　うまくいかないことをネガティブに捉えるか、ネタとして捉えるかによって、ブログの広がりは大きく変わります。失敗を喜べとまでは言いませんが、転んでもただでは起きないという意識でブログを運営していきましょう。

絶対法則 55 公式ブログやコミュニティで最新情報をチェックしよう

Googleからの公式のアナウンスは、必ずチェックしておきましょう。AdSense広告の新サイズが利用可能になったときや、成功事例の紹介など、たくさんの情報が配信されています。

| 重要度 | ★★☆☆☆ | 難易度 | ★☆☆☆☆ | 対応 | HTML | 無料ブログ | WordPress |

Google公式の情報は必ずチェック

　Google AdSenseには公式ブログやフォーラム、Google+コミュニティ、そしてお知らせメールなど、さまざまな情報提供の場があります。もちろん自分1人で研究するのも悪くはないですが、交流の場も用意されているので有効活用しましょう。

● Google AdSense 日本語版公式ブログ　Inside AdSense
http://adsense-ja.blogspot.jp/

● **Google+ Adsense コミュニティ　AdSense Japan**
https://plus.google.com/communities/
112491912852963845595

● **Google+ Adsense コミュニティ　集まれ！AdSense 初心者**
https://plus.google.com/communities/
102172793953785827081

● **AdSense ヘルプフォーラム**
https://productforums.google.com/forum/#!forum/adsense-ja

　ここではAdSense担当者やAdSenseの専門知識を有する先輩ユーザーからのアドバイスを受けることができます。**質問をできるだけ具体的に載せることで、より実践的なアドバイスを得ることができます。**質問力を鍛えておきましょう。
　もう少し気軽にAdSense担当者やユーザーと交流が図れるコミュニティがGoogle+というSNSの中にあります。

● 「Google プロダクトフォーラム」

　AdSenseの担当者がすべての質問に返答してくれるとはかぎりませんが、SNSという性質上、軽い気持ちで質問できる場になっています。また、ユーザー同士の交流も活発に行われているので、Google+を利用している人はぜひ覗いてみてください。

　AdSneseの管理画面からお知らせメールの受信設定も行えます。設定にチェックを入れておくことで、収益向上のためのヒントや新機能の紹介など、有益な情報がメールで届くようになります。忘れずにONにしておきましょう。

● お知らせメールの受信設定

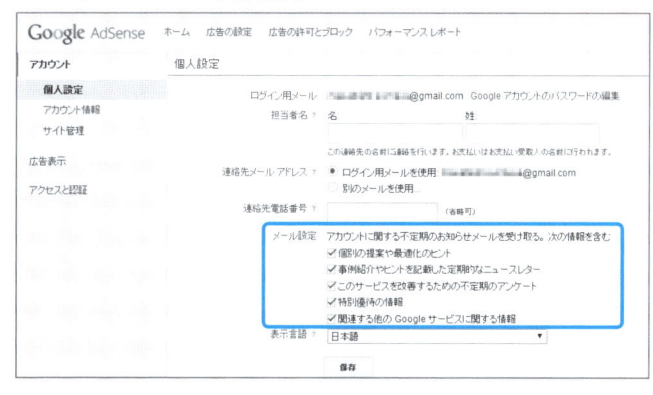

> **Check!**
>
> **1** Google AdSense にはさまざまな情報提供の場がある。すべてチェックすること
>
> **2** フォーラムで的確な質問ができるように質問力を鍛えておく
>
> **3** お知らせメールで有益な情報をゲットする

絶対法則 56　自分に対して投資をしよう

少しでも収益が上がってきたのであれば、自分、あるいはブログに対して投資をしていきましょう。自分の能力を向上させるためのあらゆることが自己投資に該当します。自分に対する投資は、何よりもコストパフォーマンスが高いですから積極的に取り組みましょう。

重要度 ★★★★★　難易度 ★☆☆☆☆　対応 HTML 無料ブログ WordPress

得た知識や体験をブログに反映していく

　自分に対する投資といっても別に最初から難しいことをやれといっているわけではありません。関連する書籍を読んで知識を増やしたり、勉強会に行ってみたり、旅行やイベントに行って新たな体験をするだけでもかまいません。ただ、「あー、面白かった」で終わらせず、得た知識や体験をブログに反映していきましょう。

⚠ 自分に対する投資

　自分に対する投資とは将来の可能性を向上させるための必要なコストです。収益の伸びは自分の成長に比例します。入力スピードが上がれば、同じ時間でも投稿できる記事の本数は増えます。知識が増え、表現力が豊かになればファンになってくれる読者が増えるでしょう。人間の能力は飛躍的に伸びるわけではないですが、少しずつ自分に負荷を与えることで必ず成長していきます。継続はたしかに大切です。しかしながら、ただ同じことをしているだけでは停滞してしまいます。停滞を打破するために、自分に対して効果的な投資を行い、成長を加速させていきましょう。

⚠ ブログに対する投資

　ブログに対しての投資とは、効率化のためのコストです。有料プランに変更してブログデザインの自由度を上げることや、独自ドメインを取得して読者がアクセスしやすくする環境整備も該当します。読者の利便性の向上と、収益化やアクセスアップのための施策の一環としてお金を使うといいでしょう。

| 絶対法則 57 | 自分の立場に置き換えて応用する |

今まで解説してきた要素はあくまでも基本であり、事例です。この書籍の内容をそのまま実行に移してもそれなりの結果に繋がると思いますが、ぜひ自分の立場に置き換えて利用してください。

| 重要度 | ★★★★★ | 難易度 | ★☆☆☆☆ | 対応 | HTML | 無料ブログ | WordPress |

自分の状況に置き換えて実践するからこそ意味がある

⚠ 自分の頭で判断し、実行し、検証する

今まで数多くの施策や事例を解説してきました。そのまま活用できる内容もあれば、まだ利用できない施策もあるでしょう。ただ、一番重要なことは、「**知識を得たうえで、自分の頭で判断し、実行し、検証すること**」です。最初のうちは与えられた情報をそのまま実践してもいいでしょう。しかしながら、この書籍で推奨している施策は現時点で効果的だと思われる内容でしかありません。

⚠ 自分で考えることに取り組む

もちろん、長期間使えるような普遍的な要素を解説したつもりですが、将来のことは誰にもわかりません。だからこそこの書籍をヒントに、自分で考えることに取り組んでほしいのです。考えることから逃げてしまうと、もし現状の施策が使えなくなった際、また新たな情報を求めて時間やお金を使う羽目になってしまいます。そんなことを繰り返していても、決してよい結果には繋がりません。

⚠ あなた独自の成功の法則を！

自分自身で仮説を立てて、検証し、成果の上がった施策を選択していく。このサイクルが生まれたら必ず成功に近づきます。環境や経験はそれぞれみんな違います。成功への道筋もみんな違ってあたりまえなのです。

ぜひ本書を何回も読み直して、自分の理論と経験を配合し、あなた独自の成功パターンをつくり上げてください。

あとがき

私がGoogle AdSenseに出会ってから約10年が経ちます。

ただ、最初の数年間は何も考えずに広告を張っていただけなので、まったくといっていいほど成果は上がっていませんでした。当時は専門知識も知名度もない、ごく一般的なブログ運営者だったわけですから大きな収益など上がらないのも当然です。とにかく日々、とりとめもない内容の記事を投稿していました。

私がGoogle AdSenseで収益を上げることができたのは、アクセスの集まるブログをつくることができたことが最初のきっかけです。1つの歯車が噛みあうことで、ブログのレイアウトの知識を得よう、最適な広告配置を学ぼうという意欲に繋がりました。小さな歯車は次第に大きくなり、最終的にはGoogle公式のGoogle AdSense成功事例に取り上げられるという大きな成果を生み出しました。

あなたが今、一生懸命、ブログやメディアの運営に取り組んでいて、思ったような結果に繋がっていないのは決して努力が足りない、学びが足りないのではありません。ただ歯車が噛みあっていないだけなのです。その歯車を噛みあわせるために、本文中にさまざまなヒントやアイデアを織り交ぜました。

本書が、あなたのブログ運営の1つのきっかけになれば、これほどうれしいことはありません。

本書の執筆にあたり、多くの方々に多大なご協力をいただきました。

本文のチェックを隅々まで行っていただいた、元Googleの木下眞由美さん。さまざまなアドバイスをいただいた藤田舞子さん。本書の企画、および編集にご尽力くださった、ソーテック社編集部のみなさん。各種事例を提供いただいたブログ運営者、メディア運営者のみなさん。そして近くでいつも支えてくれた、家族、友人たちに心より感謝します。

本当にありがとうございました。

染谷昌利

///著者紹介/

染谷昌利(そめや まさとし)

1975年生まれ。埼玉県出身。12年間の会社員生活を経て、インターネット集客、Google AdSense、アフィリエイトの専門家として独立。現在はブログメディアの運営とともに、企業のウェブサイトのコンテンツ作成パートナー、パーソナルブランディングやネットショップなどのコンサルティング業務も行う。
著書に『成功する ネットショップ集客と運営の教科書』(SBクリエイティブ)、『ブログ飯 個性を収入に変える生き方』(インプレスジャパン)、『プロが選ぶ WordPress優良プラグイン事典』(エムディエヌコーポレーション)がある。また、運営サイトの「Xperia非公式マニュアル」はGoogle AdSenseの成功事例にも取り上げられている。

● 染谷昌利公式ブログ
　http://someyamasatoshi.jp/
● Google AdSense 成功事例
　https://support.google.com/adsense/answer/2493335

Google AdSense 成功の法則 57

2014年 7 月31日 初版第 1 刷発行
2016年 4 月30日 初版第 4 刷発行

著　者	染谷昌利	
装　幀	Ryo Takahashi (NYA)	
発行人	柳澤淳一	
編集人	福田清峰	
発行所	株式会社　ソーテック社	
	〒102-0072 東京都千代田区飯田橋4-9-5　スギタビル4F	
	電話：注文専用　03-3262-5320	
	FAX：　　　　　03-3262-5326	
印刷所	図書印刷株式会社	

本書の全部または一部を、株式会社ソーテック社および著者の承諾を得ずに無断で複写(コピー)することは、著作権法上での例外を除き禁じられています。
製本には十分注意をしておりますが、万一、乱丁・落丁などの不良品がございましたら「販売部」宛にお送りください。送料は小社負担にてお取り替えいたします。

©MASATOSHI SOMEYA 2014, Printed in Japan
ISBN978-4-8007-1056-7